HISTORIA REAL DE UN MILAGRO EN MIAMI

¿Por Qué No Yo?

Raymond Rodriguez-Torres, M.mgt

Prólogo de Monsignor Pablo A. Navarro

WestBow
PRESS

A DIVISION OF THOMAS NELSON

Author photo courtesy of Adrifoto.com

WestBow Press books may be ordered through booksellers or by contacting:

WestBow Press
A Division of Thomas Nelson
1663 Liberty Drive
Bloomington, IN 47403
www.westbowpress.com
1-(866) 928-1240

ISBN: 978-1-4497-0853-5 (sc)
ISBN: 978-1-4497-0854-2 (dj)
ISBN: 978-1-4497-0852-8 (e)

Library of Congress Control Number: 2010941171

Printed in the United States of America

WestBow Press rev. date: 11/23/2010

Agradecimientos

A Dios, Padre Todopoderoso; a Jesús, Nuestro Señor, salvador y sanador y al Espíritu Santo; que han hecho posible este milagro y este libro. A Nuestra Señora de Guadalupe, "Madre de la Iglesia", te amamos y te agradecemos por tu intercesión y que siempre estes con Bella.

A todos los que luchan contra el cáncer, especialmente a nuestros niños. Ustedes son angeles que vienen a la tierra para enseñarnos cómo vivir. Su valor es imenso, su fe es inspiradora. Ustedes son super héroes de la vida real para que todo el mundo los admire. De hecho, la definición de valor puede verse en un centro de cáncer pediátrico.

A mi amada, valiente, hermosa y dedicada esposa Shannah, gracias por siempre creer en mí, por desafiarme, y por decirme la verdad en todo momento. Te amo y estoy eternamente agradecido a Dios porque nos unió y nos ha mantenido juntos contra viento y marea.

A mis hermosísimas niñas, Bella y Rayna. Las amo más allá de las palabras.

A mis padres, Ramón y Guly, gracias por su amor incondicional, por su apoyo eterno, por ser padres ejemplares y creer en mí para que logre todo lo que Dios me ordena hacer. Siempre los amaré y les estaré agradecido.

A Ralph y Kim, nuestros "Drino y Drina." Existen pocas palabras para expresar cuánto apreciamos la bendición que representan. Su amor por nosotros es un reflejo directo del amor y el sacrificio de Cristo. Gracias por su constante ejemplo de fé, por entregarse plenamente y sin egoísmo a nosotros durante nuestra prueba más difícil. Tuvieron y siguen teniendo el amor de Dios no sólo para nosotros sino para todo el que hace contacto con ustedes. Los amamos y les estamos eternamente agradecidos.

A mi querido sobrino Christian, gracias por entregarte completamente a ayudarnos y siempre estar al lado de Bella y Rayna.

A las Hermanas Misioneras del Corazon Imaculado de Maria: Catalina, Silvia y Dolores, gracias por su amor, apoyo y sobre todo sus oraciones.

A nuestra querida "Tía Fifi" gracias por tu sacrificio, cariño y amor, te queremos mucho. A mi familia extendida: gracias por su cariño, apoyo y las permanentes y fervientes oraciones.

A Monseñor Navarro, a nuestros curas párrocos y a toda la familia de la parroquia St. John Neumann; son muchísimos para nombrarlos a todos. Reciban bendiciones y les agradezco por darnos la bienvenida con sus corazones y brazos abiertos. Estamos eternamente agradecidos por sus oraciones, su generosidad y el amor a Bella y a nuestra familia.

A padre Gregory Parkes, gracias por su amor, apoyo, y oraciones.

A los numerosos angeles que Dios puso en nuestro camino: ustedes saben quienes son. Gracias por abrir sus corazones, sus casas y sus vidas a nosotros y al milagro de Bella. Que el Señor los bendiga y los colme de abundancias.

Al ejército de gente de todo el mundo, los creyentes de Bella, ¡gracias! Especialmente al Dr. Hernan Carrion, su esposa Ana, y su grupo de oracion que han orado el santo rosario continuamente por Bella los ultimos tres años. Gracias por ser parte de este milagro. Gracias por quedarse en este campo de batalla junto a nosotros y permanecer en la convicción de que NADA es imposible para Dios. Gracias por creer en el poder de la oración, por su increíble generosidad y apoyo incondicional.

A los doctores: Escalon, Pefkarou, Khatib, Fort, De Angulo, McDowell, Sandler, Altman, Melnick, Papazian, Granado-Villar, Ragheb, y Keole. Los queremos y estamos agradecidos de todo corazón. A los doctores Miester, Wexler, y Kramer, aun durante el período de esta historia ustedes todavia no habian cuidado a Bella, gracias y que Dios los bendiga siempre por todo lo que han hecho por nosotros y tantos otros. A todos los espectaculares, enfermera/os y cuidadores de Bella y de nuestra familia: les estamos eternamente agradecidos por su dedicación y bondad.

A Katy Hibbard, Elsie Valderrama, Catalina Vigo y a la gran cantidad de personas que editaron y colaboraron con este libro. ¡Gracias! Que esta obra bendiga a todos los que la lean.

A los lectores, gracias por comprar esta obra. El total de mis ganancias por este libro será donado a la investigación del cáncer pediátrico y a la caridad.

Con el mayor de los aprecios y amor,
Raymond Rodríguez-Torres, M.mgt

¡VICTORIA EN CRISTO!

Prólogo de Monseñor Pablo A. Navarro

Para la mayoría de personas la felicidad y la alegría son relativas. Algunos las equiparan con las posesiones materiales, otros con la salud y la tranquilidad; otros tienen diferentes barómetros para medirla. La gente a menudo reza pidiendo el "milagro" que les traerá felicidad y alegría a su vida. Por supuesto, tal "milagro" no existe. El único milagro maravilloso que Dios nos da en forma constante es la felicidad de saber que no 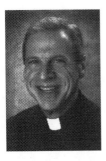 estamos solos... que Dios siempre nos acompaña. Incluso cuando nos sentimos más solos es cuando Dios está más presente de forma sutil.

Los milagros suceden constantemente a nuestro alrededor. Simplemente debemos abrir los ojos para ver la obra de Dios. Su bondad nos rodea como si fueran ondas de radio. No obstante, si nuestros corazones "receptores" no están sintonizados y sincronizados con las "ondas de Dios", podemos ignorarlas con facilidad.

En esta obra, *"¿Por qué no a mí?"*, Raymond Rodríguez-Torres se inmiscuye y nos enfrenta con la realidad de las obras de Dios en su vida y la de su familia por medio de las palabras y del "milagro" de una niña.

Para quienes lo encuentren difícil de creer, para los que desean creer, el testimonio de *"¿Por qué no a mí?"* será conmovedor y estimulante... lo fue para mí. Es una obra que no debe dejar de leerse.

Monseñor Pablo A. Navarro

Contenido

Estoy seguro de que no es nada grave.

La mañana del 11 de julio del 2007 comenzó como muchas otras. Me desperté en una ciudad diferente, en otra habitación de hotel. Ese día habría de pasarlo en Orlando, Florida, lo que era bueno porque estaba cerca de casa. Pronto volvería para pasarla de maravilla con mis chicas: *Bella, Rayna y Shannah.* Me preparaba para ir a una reunión al medio día después de la cual tomaría un vuelo a las 3 p.m. que me llevaría a casa en Miami. Trabajo como gerente regional para una importante empresa multinacional y viajo bastante seguido. A las 7:00 a.m., llamé a mi casa y hablé con mi muy cansada y preocupada esposa Shannah. Me contó que tuvieron una noche terrible. Bella, mi hija mayor que tenía cuatro años y medio, se había quejado toda la noche de dolores de estómago, se levantaba con frecuencia para ir a la sala, se tropezaba y se caía al suelo constantemente. Para entonces ya Bella no podía permanecer de pie y Shannah estaba muy preocupada. Pude percibir miedo y pánico en su voz. Mi esposa siempre se siente más segura cuando estoy en casa, pero podía darme cuenta por su voz que estaba muy preocupada. El tono de voz iba más allá del "cómo me gustaría que estés en casa". Hice lo posible por calmar su preocupación y le dije que podría ser que un virus temporal haya entrado en el líquido cefalorraquídeo y que debería llevar a Bella al hospital, pero que no se preocupara porque estaba seguro de que no era nada grave. Shannah ya había hablado con mi padre, quien es pediatra y ex-Jefe del personal médico del Hospital de Niños de Miami, que ya se dirigía a mi casa para examinar a su nieta. Bella se había estado quejando de leves dolores de estómago en los últimos días. Su pediatra la vio, le tomaron una radiografía abdominal e incluso un ultrasonido abdominal. Encontraron que tenía gases y sugirieron que se le administraran laxantes para aliviar esta persistente y pesada molestia. Aparentemente, no había nada que fuera de mayor preocupación.

A las 9:00 AM, hablé con mi padre que ya había llegado al hospital con Bella y Shannah. Estaba preocupado. Me explicó que estaban planeando hacer una punción lumbar en Bella para examinar el estado del líquido cefalorraquídeo. Sé que hacer una punción lumbar puede ser un procedimiento estándar, pero el sólo pensar de que iban a insertar una aguja enorme en la columna de mi niña no era exactamente algo que me esperaba. Me sentí muy impotente al no poder estar allí y de no poder hacerme cargo de todo el asunto como normalmente lo hubiera hecho. Pensar que Shannah y Bella estaban en el hospital sin mí me ponía intranquilo. Decidí que dejaría la reunión y me iría a casa. Le informé en ese momento a mi jefa, Sheri Jepsen, todo un ángel, lo que estaba pasando y que pensaba que irme sería lo mejor. Ella estuvo de acuerdo y de hecho suspendió la reunión entera. Estoy tan agradecido por su compasión porque conozco pocos supervisores que hubieran sido tan comprensivos y corteses. Llamé a American Airlines para saber qué vuelos anteriores estaban disponibles. Había un vuelo a la 1:00 PM que podía abordar. Le pedí a la operadora que cambiara mi pasaje. Me informó que no había registro de mi pasaje para el vuelo de las 3:00 p.m., pero le reiteré que tenía mi pase de abordaje impreso. ¿Cómo era posible que el sistema no mostrara que tenía un pasaje para ese vuelo? Tras varias idas y vueltas, me informó que tenía que dirigirme al aeropuerto para resolver el problema. Dos de mis colegas, Shari Mitchell y Cliff Jones, que también iban al aeropuerto me llevaron. Cuando llegábamos a la terminal, mi teléfono celular sonó, era mi padre. Me dijo que el neurólogo creía que Bella tenía el síndrome de Gillian Barre. Esa noticia me llegó como si fuera una onda expansiva. Me pilló indefenso. ¡Seguramente había un error.

No era posible que fuera verdad! Mi bebita estaba bien cuando me fui de casa. Simplemente tenía un dolor de estómago o un simple virus. El médico se debe de haber equivocado. Inmediatamente, me puse pálido y casi me puse a llorar en el auto frente a mis colegas. Ellos notaron mi reacción a la llamada al celular. Los miré y con voz temblorosa les dije: "tiene una enfermedad terrible", y salí del auto.

Entré al aeropuerto de Orlando en estado de shock. Me concentré en llegar a casa y en abordar el primer vuelo a Miami. Me imaginé que una vez que llegara a casa las cosas mejorarían, que resolvería este error en cuanto llegara al hospital. Simplemente no podía ser cierto. ¡Bella está bien! Sé perfectamente de lo que se trata el Síndrome de Gillian Barre (GBS, por sus siglas en inglés), mi padre lo padeció en 1995. Nunca se me olvidará cuando se lo diagnosticaron. En ese momento, se desconocía un tratamiento preciso para esta enfermedad. Lo que se sabía era que se trataba de una enfermedad terrible en la cual el sistema inmunológico atacaba al sistema neurológico y como consecuencia produce un parálisis que va desde las extremidades inferiores hacia los pulmones. La peor complicación en estos casos es la paralización del sistema respiratorio debido al cual los pacientes fallecen o se les tiene que conectar a un respirador. ¿Cómo es posible que Bella tuviera eso?

Cuando mi padre recibió este diagnóstico, yo estudiaba en Gainesville, en la Universidad de Florida. Vivía los despreocupados días de universidad, un poco de estudio y muchísima diversión. La vida era buena y estaba ocupado recolectando recuerdos perdurables. ¿Por qué se perturbó mi paz? Cuando supe que lo hospitalizaron, fui de inmediato conduciendo mi automóvil hasta Miami. Temía que mi padre muriera y yo sólo tenía 19 años. Recuerdo que rezaba: Señor, por favor, no te lo lleves ahora. No tengo la edad ni la madurez suficiente, lo necesito conmigo. Me aterraba lo que podía pasarle a mi padre. Las noticias llegaron de repente y sin aviso. Cuando llegué al hospital donde estaba mi padre, con ansiedad tomé el elevador y me dirigí hacia su habitación. Nunca olvidaré de lo que pasé al intentar entrar a esa habitación. Podía ver a mi papá en el cuarto, acostado en la cama y mientras yo trataba de entrar, él, desde lejos, me pedía que no lo hiciera en ese momento. Inmediatamente, su abogado, a quien me sorprendí de ver allí, cerró la puerta en mis narices. Mi padre estaba en proceso de actualizar su testamento y última voluntad. Estaba confundido, mi ritmo cardíaco se aceleró y las palmas de mis manos empezaron a sudar. ¿Cómo podía estar pasando esto? Dios, ¿por qué? Me senté afuera de la habitación, solo y muy asustado esperando que alguien me dejara entrar.

Mi padre, como médico, había diagnosticado el GBS y conocía muy bien sus consecuencias. Cuando pude ingresar a la habitación, mi padre me dijo que el GBS era una enfermedad muy grave, de la cual sabía que teniendo fe en el Señor se curaría, pero que era conveniente que se asegurara que todo estaba en orden para nuestra familia. Fue un momento muy incierto y aterrador en 1995. Era surrealista que Bella ahora estuviera enfrentándose a la misma enfermedad. Y yo estaba en Orlando y no con ella. Por la gracia de Dios, mi padre se recuperó totalmente luego de dos meses y nunca sufrió un episodio recurrente.

Me acerqué al mostrador de la línea aérea en el aeropuerto de Orlando asustado, con lágrimas en los ojos. Traté de mantener la compostura, pero mis sentimientos fueron más fuertes. Ya me habían dicho por teléfono que el vuelo ya estaba lleno. Le rogué a la asistente detrás del mostrador. Le expliqué que mi hija estaba muy enferma y que la iban a transferir a cuidados intensivos en Miami. Le dije que necesitaba una respuesta inmediata de que si me pondrían en la lista de espera o no. También le dije que si no iba a abordar ese vuelo que por favor me lo informara en ese mismo momento para que pudiera rentar un automóvil y conducir cuatro horas en lugar de quedarme esperando allí un vuelo posterior al que se suponía iba a abordar. Estaba abrumado por mis sentimientos. Tuve ganas de agarrar a la mujer y darle una fuerte sacudida para que pudiera entender mi desesperación. Estaba sólo a 250 millas de Miami, pero me parecía que estaba en Nueva Zelandia. Sentía que el tiempo no pasaba, cada segundo se hacía una eternidad mientras trataba de resolver el asunto y tal parecía que no avanzaba. Para esos momentos ya sollozaba, apenas si podía hablar. La muy gentil señorita que estaba detrás del mostrador me dijo que por favor tomara asiento y que me informaría en cuanto pudiera. Encontré un asiento junto a los mostradores de la aerolínea y comencé a llorar como nunca antes lo había hecho. Soy orgulloso, vanidoso y supuestamente fuerte; para mí llorar así, especialmente en público, era algo que nunca me había pasado. Las lágrimas corrieron por mi rostro de forma incontrolable. No tenía otro lugar a donde ir, ningún sanitario, ninguna zona de espera, ningún rincón discreto. Estaba sentado allí con muchísima gente que caminaba frente a mí, mirándome sorprendida. Llamé a Ralph, que es el segundo de los hermanos y mayor que yo, quien es como mi segundo padre, pero no contestaba. Luego supe que estaba realizando sus deberes como jurado y que se encontraba en un tribunal en el momento en que desesperadamente estaba tratando de ubicarlo. Llamé a mi amigo Andy, mi más viejo amigo, quien es abogado. Estaba en el tribunal y no podía hablar, pero me dijo: "Tranquilízate, te llamo en un rato, todo estará bien". Llamé a mi amigo José, a quien conozco desde tercer grado y apenas podía hablar. Me dijo que estaba en un almuerzo de negocios y que me llamaría. Sentí como que no había nadie que pudiera calmarme. Estaba solo. Nunca me sentí tan solo. Imagínense que todo se les complica con cada paso que dan. Así es como me sentía. Era una agonía y me pareció una eternidad hasta que finalmente tuve una respuesta.

Unos momentos después, la empleada del mostrador me llamó. Me dio un pase de abordo en primera clase y me dijo: "Espero que todo salga bien para su hija". ¡Casi caigo de rodillas cuando me dio esta noticia maravillosa! Gracias a Dios, las cosas comenzaban a mejorar. Tomé el vuelo y estaba camino a Miami, dirigiéndome directamente al Hospital de Niños de Miami.

Un pilar de fe

Cuando tenía 9 años, leí unas palabras que llevaría conmigo para siempre: "El regalo de Dios para ti es quien eres. Tu regalo para Él es en quien te conviertes". Lo encontré en el lugar menos esperado, en un rincón de la cocina de mi amigo de toda la vida. Aunque esta placa no estaba en un lugar muy visible, he pasado toda mi vida tratando de comprender cuál sería mi regalo para Él. Siempre supe que deseaba ser un buen hombre, definido por las normas y atributos de las personas que he admirado o que eran consideradas de bien por la sociedad y el mundo. Siempre sentí que tenía que seguir mejorando mi posición social, mi posición económica y profesional y, por último, aumentar mi fe y mis buenas obras para convertirme en quien pensé tenía que ser. Gracias a esas palabras que leí a mis nueve años, me he esforzado continuamente en ser mejor, a pesar de mis muchos errores a lo largo del camino, siempre me he dado ánimo para hacer más. Pero, ¿hacer qué exactamente? Hasta ahora en mi vida, gracias a Dios, he tenido éxito en los negocios, a nivel económico y en mi posición social, pero aún tengo la sensación de que tengo que hacer algo más importante. A nivel superficial, el mensaje parece ser muy simple, sin embargo creo que es profundo, que va más allá de lo que se puede ver a simple vista.

Al momento de escribir estas líneas, tengo 33 años. Muchos de los que me conocen dicen que he tenido muchas experiencias en la vida para la edad que tengo. De hecho, he sido bendecido por haber atravesado numerosos episodios en mi vida, placenteros y desagradables, que me convierten en quien hoy soy. A pesar de que las numerosas experiencias que he enfrentado hacen que el relato de mi historia sea interesante, siempre he reflexionado en mis mayores momentos de privacidad: ¿en quién me estoy convirtiendo?

Un sabio una vez dijo: "Para entender el presente, debes de comprender el pasado. Si deseas hurgar en el futuro, debes tener primero una buena comprensión del presente". Ese sabio es mi padre. Para poder describirles quién soy yo y qué me ha permitido e impulsado a escribir este libro, debo de contarles mi y historia y la de mi familia.

Soy el hijo de Ramón Rodríguez-Torres y Guly Rodríguez-Torres, inmigrantes cubanos en los Estados Unidos. Mi padre es pediatra y cardiólogo pediátrico, una gran persona por numerosas razones, un gran hombre de fe y mi mejor amigo. Mi padre fue a la facultad de medicina en Cuba y comenzó su practica como internista y cardiólogo de adultos. Posteriormente, fundó una clínica importante (un hospital privado) en La Habana que estaba prosperando hasta que Fidel Castro ascendió al poder. En el momento en que se fundaba la clínica, mi padre regresaba a Cuba de una capacitación especializada en cardiología en la Universidad de Manchester y en el Hospital Real de Londres, Inglaterra. Una mañana, dos años antes, leyó en el diario sobre una beca que el Consejo Británico ofrecía a los profesionales cubanos que reunieran los requisitos para estudiar una variedad de materias en la Universidad de Manchester. Habría un examen y al postulante con la puntuación más alta se le ofrecería la beca. No obstante, él tenía un problema importante; no eran sus conocimientos en medicina o su temor de dejar a mi madre y a mis hermanos para irse a Inglaterra: ¡no sabía hablar inglés!

Sin embargo, estaba decidido y comenzó a estudiar inglés por su propia cuenta y con dos tutores británicos. Eventualmente, aprendió inglés en forma suficiente como para poder tomar el examen. El Señor lo favoreció: mi padre obtuvo el puntaje más alto de los 64 postulantes y consiguió la beca. Mi padre, rebosante de alegría, partió por un año a Manchester, Inglaterra, para estudiar cardiología y pasar algunas de las noches más frías de su vida mientras vivía en un internado para estudiantes de intercambio. Mientras estuvo en Inglaterra, mi padre tuvo el privilegio de estudiar a las órdenes del Dr. Paul Wood, que en ese momento era uno de los más reconocidos cardiólogos del mundo. Esta separación de su tierra natal en el Caribe a una tierra lejana y distante no fue sencilla para mi padre. Como la mayoría de los cubanos, creció en una familia muy unida y extrañaba muchísimo a mi madre, a mis abuelos y a mi hermano mayor. Una vez, mi madre fue a visitarlo mientras estaba en Inglaterra y le pudo cocinar su plato cubano favorito: picadillo. Esto fue un gran aliciente para mi padre que nunca pudo adaptarse a la cocina británica, en particular no le gustaban las coles.

Eran momentos desafiantes para mi madre por el hecho de estar sola en Cuba trabajando y cuidando a mi hermano mayor que era apenas un niño pequeño en esa época. Extrañaba a mi padre y sabía cuánto él la extrañaba a ella. Era todo un desafío estar sin él. Sin embargo, ella sabía que era lo mejor y tenía fe de que el Señor los seguiría bendiciendo y guiando a ellos y a mi padre. Eventualmente, mi padre pudo finalizar el programa de cardiología en Manchester y regresó a su Cuba natal.

En febrero de 1960, mi padre fue invitado a una cena y fiesta que se celebraría en la casa de una colega cardióloga de La Habana. Estaba entusiasmado con asistir a la fiesta ya que la médica colega era su amiga y su esposo era el Secretario de Estado. Fue una fiesta a la que asistieron pocos. Para sorpresa de muchos, a eso de las 11:00 PM llegó Fidel Castro. En esa época, ya había tomado el poder en Cuba y era un conocido revolucionario que prometía la igualdad de clases y la reforma con respecto al gobierno de Batista. En la fiesta, Castro dio un discurso en el que expresaba sus intenciones para el futuro de Cuba. Mi padre inmediatamente se dio cuenta de que el plan de Castro era un socialismo que disfrazaba sus verdaderas intenciones de convertirse en el eventual dictador de Cuba. A la mañana siguiente, mi padre hizo lo que él consideró el mayor error de su vida: convocó a una asamblea de accionistas (el resto de los médicos que conformaban la clínica) y les explicó lo que había ocurrido la noche anterior, cómo conoció a Castro y cuáles eran sus verdaderas intenciones. Mi padre les imploró que se unieran a él y que hicieran lo que podían hacer como médicos y miembros destacados de la sociedad de La Habana para evitar que Castro concretara sus planes. De inmediato supo que todos sus socios eran partidarios de Castro. De hecho, a muchos de ellos Castro y sus seguidores les habían prometido altos cargos gubernamentales, incluso cargos en la dirección de ministerios. Para sorpresa de mi padre, sus accionistas le contaron la forma en que la clínica respaldó muchas funciones a favor de Castro cuando estaba en Inglaterra. Asimismo, uno de los mejores amigos de mi padre y socio, que lo ayudó a fundar la clínica comenzando con una pequeña operación con planes de expandir a ser un edificio de 13 plantas, le pidió a mi padre que lo reconsiderara. Le dijo: "Ramón, todas esas inquietudes que tienes desaparecerán cuando leas esto". Sacó un pequeño libro rojo de su maletín. Se trataba de un libro de la teoría comunista de Mao Tse Tung. Mi padre de inmediato se dio cuenta de que sus socios estaban a favor de Castro y les acababa de expresar el grado de firmeza que tenía en contra de Castro y de sus seguidores. Como podrán imaginarse, mi padre era el centro de la envidia como presidente de una clínica médica en ascenso de La Habana que tenía prestigio y buena posición financiera. Ahora que mi padre había expresado, y continuaba haciéndolo, su desaprobación hacia Castro, los que deseaban tener el control de la clínica comenzaron a congregarse en contra de mi padre y se manifestaban a favor de Fidel Castro.

Un plano de la clínica de mi padre realizado por un arquitecto.
CIRCA1960, La Habana, Cuba

Durante el transcurso de los meses posteriores, la vida de mi padre se tornó cada vez más difícil. Su situación en casa también cambió significativamente mientras nacía Ralph, el segundo de los hijos, en marzo de 1960. Cuando Castro comenzó a aplicar su plan, la vida en Cuba se volvió más inestable y mis padres comenzaron a darse cuenta de que todo aquello por lo que habían trabajado y el futuro que creían tener era incierto. Mis padres son gente muy pacífica, de hecho, mi padre es el mejor ejemplo de Cristo en la tierra que haya conocido. Es un hombre de una gran compasión y de valores morales sumamente elevados, de una integridad y dignidad inmensas y es, además, una de las personas más éticas que uno pueda conocer. Aun así, los que sabían que mi padre estaba en contra de la revolución de Castro y que tenían motivos posteriores para destituirlo de su cargo de presidente de la clínica comenzaron a inventar historias sobre mis padres y lo acusaron de colaborar con Batista y de estar contra la revolución. Con frecuencia allanaban la casa de mi padre en busca de armas en medio de la noche y lo interrogaban sobre su fidelidad hacia la revolución. En pocas palabras, la vida se tornaba cada vez más difícil y todo lo que conocían se desvanecía rápidamente. La vida tal como la conocían había dado un giro drástico y no parecía que fuera a cambiar en el futuro cercano.

Le llevó ocho meses a mi padre tomar conciencia de que tendría que dejar su amada Cuba. Debían dejar todo lo que habían construido, toda la gente a la que conocían. Entendían que no podían vivir bajo una dictadura, querían libertad y luchaban por ella, sabían que no podrían ser libres bajo el gobierno de Castro. Fue, de lejos, una de las decisiones más difíciles que enfrentarían en su vida, pero la libertad era un precio muy alto que pagar.

Conforme mis padres se preparaban secretamente para dejar Cuba, sabían que no podían contarle a nadie. No podían confiar en nadie y debían irse de la manera menos sospechosa posible. Era duro enfrentar la realidad de que tendrían que dejar todo atrás, abandonar el país y reinstalarse adonde fueran. Una vez que la decisión ya había sido tomada, aún les causaba mucha ansiedad y desesperanza, así como muchas noches sin dormir pensando en un futuro incierto, pero esperanzador.

Mi padre decidió que la isla de Puerto Rico sería el mejor lugar al que podrían ir: era parte de los Estados Unidos y se hablaba español. Además, mi padre sabía que, adonde fuera, debería comenzar como interno. Se enteró de que, en ese momento, en los Estados Unidos a los practicantes médicos les pagaban $50 al mes, más allá de sus calificaciones anteriores, mientras que en Puerto Rico, el pago era de $150 al mes.

Como debían irse de manera discreta, mi padre consiguió un pasaje aéreo con la excusa de que asistiría a una conferencia médica en Puerto Rico. Viajaría solo y mi madre, mis dos hermanos mayores y mis abuelos paternos se quedarían en Cuba hasta la tarde siguiente, cuando, supuestamente, se irían de vacaciones y se encontrarían con él en Puerto Rico. De este modo, no se irían todos al mismo tiempo y no parecería que estaban abandonando la isla. Cuando mis padres se fueron de Cuba, nadie lo supo, nadie de la clínica ni el personal que trabajaba y vivía con ellos en la casa, ni siquiera sus propios familiares.

Como sólo estaba permitido salir con el equivalente a $5, mi madre y mi abuela cosieron bolsillos secretos en su ropa íntima para poder pasar billetes de denominaciones altas para tener algo de dinero, aunque fuera el mínimo necesario, en Puerto Rico. Mi madre quitó el relleno de algodón de los botones de su blusa y los rellenó con dólares; también llenó con billetes las frutas de plástico de su sombrero. Algunos familiares nuestros han llegado a pasar sus joyas tragándoselas. La gente que dejaba la isla se veía forzada a ejercitar su creatividad en sus esfuerzos por llevar más dinero con ellos. ¿Cómo podría una persona siquiera intentar establecer una nueva vida en un país nuevo con sólo $5? Por supuesto, este era simplemente un impedimento importante que el gobierno utilizaba para hacer que aquellos que querían marcharse lo pensaran dos veces.

La noche del 10 de octubre de 1960, mi padre se fue de Cuba y aterrizó en San Juan, Puerto Rico. Lo que llevaba con él era todo lo que tenía. Intentó salir de Cuba con el equivalente a 150 dólares estadounidenses. Cuando lo interrogaron y lo revisaron en el Aeropuerto de La Habana, confiscaron el dinero y sólo le dieron 5 dólares. Explicó que se dirigía a una conferencia médica y que necesitaba el dinero que llevaba para el arancel de inscripción, pero no hubo excepción. Mientras viajaba a Puerto Rico, estaba preocupado por donde se quedaría. Su dinero había sido confiscado y no podía pagar un hotel con sólo 5 dólares. Su plan era ir a la Secretaría de Salud de Puerto Rico al día siguiente, explicar que era médico y solicitar empleo. No tenía hotel ni otro lugar donde quedarse. Intentaría dormir en una plaza pública en la zona de Condado, que sabía que era segura gracias a otras visitas que había realizado a Puerto Rico en vacaciones. Se trataba de un hombre que se había preparado y había trabajado para lograr una vida exitosa, que había alcanzado muchas cosas y que había dado un gran salto desde sus humildes comienzos de niño en Cuba quien ahora estaba pensando en pasar la noche, probablemente, durmiendo en un banco de una plaza pública de Puerto Rico. No hace falta decir que aterrizó en el aeropuerto Luis Muñoz Marín temeroso de lo que le podría suceder. Estaba solo o, como él pensó, Dios estaba con él.

El año anterior, la hija de uno de los amigos de mi padre en Cuba se había casado con un inglés que tenía bastante dinero y que estaba haciendo grandes negocios en el Caribe por esos años. Aunque mi padre tuvo contacto con él en varias reuniones familiares, no eran de ningún modo demasiado cercanos.

Mientras mi padre caminaba por la pista de aterrizaje del aeropuerto de San Juan aquella noche de octubre de 1960, notó que alguien le sonreía a la distancia. Era un hombre que lo saludaba, era el inglés que se había casado recientemente con la hija de su amigo. Estaba sorprendido de ver a mi padre allí y dijo "Ramón, ¿qué haces aquí? Mi padre respondió: "Me he ido de Cuba, dejé todo". El hombre estaba atónito, lo primero que le preguntó fue en qué hotel iba a quedarse. Mi padre le respondió: "No tengo hotel, pienso dormir en la plaza esta noche". Quien conoce a mi padre sabe lo difícil que debe haberle resultado decirle eso a esta persona. Mi padre es un hombre orgulloso, trabajador, justo y amable, un visionario que siempre tiene un plan, para él, admitir que iba a dormir en una plaza era muy difícil.

Aunque no conozco demasiado sobre este hombre, sí sé que esta fue una obra de Dios. ¿Cuáles eran las posibilidades de que apareciera de la nada? No fue una coincidencia que estuviera en el aeropuerto esa noche. Esa noche lo llevó a su casa y la mañana siguiente le prestó a mi padre el dinero necesario para alquilar una casa, amueblarla y para tener comida en el refrigerador antes de que llegaran mi madre, mis hermanos y mis abuelos.

Por la gracia de Dios, la Secretaría de Salud le concedió una entrevista al día siguiente, el 11 de octubre de 1960. Mientras le explicaba su caso al Secretario de Salud, este le informó que lo único que tenía disponible era un puesto de interno en una Sala de Emergencias en Fajardo, bajo la supervisión del Dr. José Soler-Zapata. Mi padre viajó inmediatamente a Fajardo para reunirse con él, quien le informó gentilmente que si quería el puesto, podía tomarlo aunque, como cardiólogo completamente autorizado sobrepasaba las habilidades técnicas. El trabajo era suyo y estaba de guardia todas las noches. Mi padre y la familia entera estarán siempre agradecidos del Dr. Soler-Zapata, la persona que el Señor puso en el camino de mi padre para darle la primera oportunidad al salir de Cuba. El Dr. Soler-Zapata finalmente llegó a ser el Secretario de Salud de Puerto Rico y su amor, afecto y apoyo hacia mi familia y hacia mí continuaron luego de la partida de mi padre de Puerto Rico y su migración final a los Estados Unidos.

Si bien mi padre estaba encantado de trabajar en Puerto Rico, deseaba practicar la medicina en los Estados Unidos. Envió con entusiasmo cartas y currículums a varios hospitales e instituciones de allí. Sus esfuerzos al final dieron sus frutos.

Al cabo de un año en Puerto Rico, le ofrecieron un puesto en la Downstate Medical Center-State University New York en Brooklyn, Nueva York, el cual aceptó. Allí comenzó de nuevo, probándose a sí mismo en cuanto a lo clínico en un ambiente académico competitivo y desafiante. Como si esto fuera poco, durante ese tiempo (a comienzos y mediados de la década de los 60), mis padres se encontraron en un país que atravesaba grandes cambios e incertidumbres. Los Estados Unidos estaba en guerra con Vietnam, se vivía una situación de gran agitación sociopolítica debido a la guerra y a otras cuestiones sociales que eran ajenas a mis padres. Vivían en un pequeño apartamento en Brooklyn y, al principio, tenían muy pocos medios. Vivir en un departamento pequeño con una esposa, dos hijos pequeños y los padres no era, precisamente, la vida que mi padre había soñado. No obstante, siempre había sido un hombre tan decidido que sabía que era sólo una situación temporaria. Los Estados Unidos era la tierra de las oportunidades y aquellos que llegaban con la mentalidad adecuada y el espíritu para sortear obstáculos estaban seguros de que tendrían éxito. Mi padre, en un principio, trabajaba de asistente del Jefe de Cardiología Pediátrica, que era un hombre que también experimentaba una situación agitada. El ambiente de la universidad era competitivo y él estaba en una situación envidiable. Esta persona se encontraba bajo una presión extrema y, a menudo, descargaba sus frustraciones en el personal. Cuatro días después de que mi padre comenzara a trabajar en la Universidad, se la desquitó con él y le gritó porque quería una extensión para una presentación que realizaría ante el personal médico y varios cientos de estudiantes de medicina y cirugía.

Como mencionaba anteriormente, mi padre es un hombre maravilloso, es justo, paciente e, incluso, sereno. Sin embargo, como mi padre nunca avergonzaría ni heriría a nadie intencionalmente, en las pocas veces en su vida en las que le hicieron esto a él, él se sintió colmado de una frustración abrumadora. Este episodio del cable eléctrico fue una de esas veces.

Mi padre consiguió calladamente la extensión y la presentación se desarrolló del modo planeado. Luego de finalizar su trabajo por la noche, volvió a casa. No podía dormir, estaba recostado en la cama preguntándose porqué se encontraba en esta situación, porqué Dios lo había abandonado, porqué se encontraba en un departamento barato respondiendo a un matón que rozaba la incompetencia, porqué había tenido que dejar todas las comodidades de la vida en Cuba para llegar a un país que experimentaba esta agitación. También reconoció que no había vuelta atrás ni lugar para fallar o abandonar. Debía lograrlo. No importaba lo malo que era su acento español ni lo mala que era la situación en los Estados Unidos respecto de Vietnam, esta era su nueva vida. Tenía fe en que Cristo lo había llevado hasta allí por algún motivo, tenía fe en que él les ofrecería a él y a su familia el tipo de vida que tenía en Cuba o una mejor y sabía que el Señor lo había llamado a ser médico para salvar vidas. Mientras estaba recostado en la cama, pensaba en cómo lidiaría con su jefe. No podía permitir que otro hombre lo tratara con esa falta de respeto y no lo permitiría. Entendió que debía hacer lo que fuese para responder a este hombre, a la universidad, a los pacientes y a los estudiantes lo mejor posible, pero no toleraría que le gritaran ni lo humillaran.

La mañana siguiente, llegó a la universidad a las 6:00 AM. Se sentó en la oficina de su jefe para esperarlo y cuando este llegó, se asombró de ver a mi padre en su oficina. Mi padre le pidió que entrara y tomara asiento, lo miró a los ojos y dijo: "Perdí todo lo que tenía en Cuba. Perdí mi casa, mis amigos y perdí mi hospital y todo lo que conocía. Lo único que nunca perdí es el respeto hacia mí mismo. Señor, entiendo que usted es el jefe y estoy orgulloso de trabajar aquí y trabajar para usted, pero no puedo permitir en ninguna circunstancia que ni usted ni nadie aquí me grite o humille. Simplemente, no puedo tolerarlo. Me comprometo a trabajar para usted con humildad, haré todo lo que me pida, pero debemos comprender profundamente, aquí y ahora, que lo que usted hizo ayer jamás se le volverá a cruzar siquiera por la mente. Entienda lo siguiente: Debo hacerlo, no hay vuelta atrás para mí, esto es todo lo que tengo. ¡Debo triunfar y voy a hacerlo!".

El jefe se quedó sin palabras, pero se disculpó y entendió completamente que mi padre era sincero y comprometido en sus afirmaciones. Unos pocos meses después del incidente, este hombre, desafortunadamente, fue forzado a renunciar. Mi padre fue nombrado Jefe de Cardiología Pediátrica. Uno puede imaginarse la política, los celos y las repercusiones que tuvieron lugar cuando mi padre, que era un "nadie" con acento español, fue nombrado jefe por sobre una extensa línea de profesores distinguidos y contratados en forma fija que pasaron años compitiendo por ese puesto. De hecho, uno de los primeros desafíos que enfrentó fue cuando un profesor le pidió que participara como orador invitado en una de sus clases de medicina de primer año. Esta clase casi alcanzaba los 200 alumnos. Era un grupo alborotado que, frecuentemente, se manifestaba en contra de la guerra, de la universidad y de otros temas en el medio de la clase.

No era raro que prendieran cigarrillos y que fumaran marihuana durante la clase. Era un desastre. El profesor que invitó a mi padre, probablemente, pensó que sería una gran broma que mi padre, que portaba este acento tan fuerte intentara dirigir y manejar a este grupo. Realmente hubiera sido una vergüenza que un jefe recién designado cayera.

Cuando mi padre entró en el salón, notó que muchos de los alumnos no llevaban zapatos y que algunos estaban sentados en el piso. La escena lo asombró. Esta era una experiencia muy diferente a la de la Universidad de La Habana, ni que hablar del ambiente tradicional y prístino de la Universidad de Manchester en Inglaterra. Cuando se subió al estrado y comenzó a dirigirse al público, los pocos que estaban prestando atención comenzaron a reírse en voz alta y a burlarse de su acento. Había mucho ruido y conmoción en el salón, entonces se detuvo por un momento y dijo en voz alta: "¡Los esperaré!".

Se quedó en el estrado de manera firme y calmado. El ruido finalmente fue desapareciendo y el salón quedó en silencio, podía escucharse la caída de un alfiler. Al final, comenzó a hablar luego de un prolongado silencio. Les dijo: "Damas y caballeros, la belleza de mi disertación consiste en que es opcional para ustedes. No tienen porqué estar aquí, de hecho, preferiría que muchos de ustedes no estuvieran aquí y, en un momento, les pediré a algunos de ustedes que se retiren. Esta disertación les costará más que la matrícula que ya han pagado. En realidad, al mirar alrededor del salón, puedo decir que tal vez sea la conferencia más costosa a la que algunos de ustedes hayan asistido. Digo esto porque si deciden quedarse, ustedes tendrán que pagar un precio. Creo que es lo justo, ya que les revelaré años de experiencia en el tratamiento de pacientes y en salvar vidas. Incluso sus futuros pacientes estarían pagando el precio en caso de que lleguen a estar bajo su atención, por eso ahora ustedes deben pagar un precio por esta conferencia. Si van a quedarse en este salón a escuchar lo que diré, más allá de mi acento pesado, aceptarán lo siguiente:

Si están fumando, apagarán sus cigarrillos inmediatamente. No permitiré esto en este salón, bajo ninguna circunstancia. Deben sentarse en las sillas, arreglarán su ropa de modo presentable. Si no están usando zapatos, deben retirarse o buscar unos ahora mismo. No habrá charlas ni risas y, por último, lo más importante es que deben tener un deseo genuino de aprender y, poner a los demás, especialmente a sus futuros pacientes, antes que ustedes e, incluso, que sus familias. Están a punto de embarcarse en la profesión de médico, la cual exige que uno cuide a los demás antes que a uno mismo. Les puedo asegurar que esta responsabilidad no es para cualquiera. En realidad, si no están seguros de que deben estar aquí, si sienten que su tiempo y sus talentos serían mejor aprovechados en otro sitio o si no desean aceptar las reglas o pagar el precio que he establecido, entonces haré una pausa por un momento para que reflexionen sobre lo que he explicado. También esperaré a los que deban ir a buscar sus pertenencias. Por último, esperaré por aquellos que elijan quedarse y pagar el precio de esta conferencia para que se preparen para escuchar y aprender".

Los asistentes de la sala estaban atónitos, había un silencio absoluto. Allí se quedó otra vez, inmutable y en silencio. Había cierta conmoción, pero nadie salió del auditorio. Los alumnos se levantaron del piso, se pusieron los zapatos, se acomodaron la ropa e hicieron lo que él pidió. Al final de una disertación muy motivadora y educativa, mi padre salió del auditorio con una ovación de pie. Incluso, dejó probada su determinación para triunfar y enseñar a otros a ayudar y a curar a los seres humanos.

Mi padre se había confirmado a sí mismo como jefe de cardiología pediátrica. Estaba ganándose el respeto de aquellos que dudaban de él por su naturaleza abnegada e interés genuino por salvar vidas. Inspiró a quienes lo rodearon con un nuevo sentido de los objetivos, un deseo renovado en la realización de investigaciones clínicas y atención médica innovadora. El departamento de mi padre comenzó a trabajar en áreas nunca antes estudiadas. No hace falta decir que, en cuanto a lo profesional, las cosas estaban funcionando bastante bien. Al poco tiempo llego a ser Profesor titular y Jefe del Departamento de Pediatría de dicha Universidad.

En el terreno personal, mi familia se estaba adaptando a la vida en los Estados Unidos. Aunque el país realmente ofrecía libertad y la oportunidad que no se encontraba en Cuba ni en ninguna otra parte del mundo, los asuntos relacionados con la guerra de Vietnam siguieron perpetuándose en un ambiente de incertidumbre. De hecho, la situación era tan tumultuosa en Brooklyn durante ese período para mis padres que mi padre comenzó a reflexionar: "He dejado todo; aquí estoy, en un país que se ve muy inestable. Si aquí sucediera algo similar a lo que sucedió en Cuba, los primeros en tener problemas serían los inmigrantes como yo". Evaluó esto durante un tiempo. El ambiente de la Universidad y la creciente incertidumbre de la sociedad estadounidense lo volvían paranoico de que pasara algo que lo hiciera tomar todo e irse otra vez.

Sin que nadie de la familia lo supiera por más de 30 años, mi padre cruzó la frontera estadounidense y condujo solo hasta Canadá un sábado por la mañana. Con los limitados recursos económicos que pudo reunir, negoció la compra de una pequeña parcela de tierra. No le dijo nada a mi madre ni a nadie hasta que cumplió 76 años y vivía en Miami, Florida. Su idea, en ese momento, era que si, Dios no lo quisiera, en los Estados Unidos sucedía algo similar a lo de Cuba o si, por alguna razón, mi familia y él se encontraban en una situación en la que tuvieran que partir otra vez, podrían ir hasta la frontera con Canadá y probar que eran propietarios de un terreno, de modo que les permitieran ingresar.

Uno puede imaginarse el nivel de sana paranoia y visión que alguien debe tener para hacer algo así. Digo "sana paranoia" porque era esta paranoia y, es más, el camino del Espíritu Santo los que condujeron a mi padre a la visión de irse de Cuba. Por cierto, sus pasos estaban siendo guiados, tal vez lo que lo ayudaba a tomar decisiones tan drásticas era saber de que su clínica de La Habana había sido convertida en edificio gubernamental y que ya no era una institución médica. Lamentablemente, muchos de sus amigos que se quedaron allí y que estaban tan firmemente a favor de Castro no ocupaban los cargos de poder que les habían prometido en la nueva administración. Muchos de ellos estaban en prisión y otros ahora estaban tratando de salir de Cuba con grandes dificultades. En ese momento era aún más difícil abandonar Cuba, ya que el gobierno había confiscado las propiedades privadas y las había transferido al estado, la situación empeoraba y muchos de los amigos y familiares de mi padre que pensaban que mis padres estaban locos por dejar todo en 1960 ahora estaban muertos o en prisión.

Mi padre siguió adelante con su trabajo y su pasión por la conducción de investigaciones clínicas en Brooklyn. Durante 15 años, él y su equipo publicaron más de 20 artículos y realizaron varios avances en la atención médica. Uno de los avances que el Señor le permitió realizar a mi padre fue en el área de atención de terapia intensiva pediátrica. Estaba investigando la alta tasa de mortalidad de niños en la Unidad de Cuidados Intensivos (ICU). Estos niños presentaban un cierto grado de infección intra-hospitalaria que podría haber sido transmitido por adultos de la misma unidad. Descubrió también que la resucitación era todo un desafío. La mayoría de los equipos biomédicos de la ICU siempre estaba configurada para niveles de adultos, por lo que en caso de emergencia configurarlos para uso pediátrico requería la realización de un paso adicional.

A mi padre se le ocurrió establecer una unidad de Cuidados Intensivos Pediátricos. Sería una unidad independiente, separada de la de los adultos y dedicada sólo a los niños. Esta fue una novedad y no la práctica común en los Estados Unidos. Para lograrlo, tuvo que solicitar un aumento de personal, un gasto en nuevos equipos y espacio para armar la unidad en el Hospital "Kings County Hospital." Mi padre había demostrado su capacidad anteriormente, por lo que el Estado de Nueva York, la Ciudad de Nueva York y la administración de la universidad le concedieron el pedido. El objetivo de mi padre era salvar vidas y probar que pueden lograrse mejores resultados por medio de una Unidad de Cuidados Intensivos Pediátricos (PICU) independiente.

Esta fue la primera PICU de los Estados Unidos. Se comprobó rápidamente que eran un éxito, aunque no se tenía información concluyente a largo plazo, la tendencia que notaban era que la independencia de la PICU estaba reduciendo la mortalidad y la infección.

Un día, el conocido reportero televisivo de la NBC, Frank Field, fue a filmar una historia sobre mi padre y sus unidades revolucionarias exclusivas para niños. Increíblemente, en la mitad de todo, un niño sufrió un paro cardíaco. La NBC filmó en vivo cómo los integrantes de la PICU y mi padre estabilizaban al niño y le salvaban la vida. El plan original de mi padre respecto a la PICU es lo que se usó para crear estas unidades en todo el país y lo que se ha convertido en el estándar de atención. Hoy la mayoría de los hospitales cuentan con sus propios PICU y cientos de vidas de niños han sido salvadas. Unos años más tarde, gracias a este gran trabajo y a su dedicación, mi padre fue nombrado titular de cátedra de la Universidad Estatal de Nueva York y Jefe del Departamento de Pediatría.

A medida que mi padre ha ido envejeciendo (actualmente tiene 82 años) ha compartido conmigo cómo era la vida en Brooklyn durante esos años y en qué situación tumultuosa se encontraba el país. Escuchar todo lo que atravesaron en cuanto a la discriminación durante la crisis de misiles cubana simplemente por ser cubanos, era tristemente asombroso. Mucha gente que ellos creían amigos les dio la espalda.

Al cabo de 15 años en la Universidad Estatal de Nueva York, a mi padre le ofrecieron el puesto de Jefe del Departamento de Pediatría en el Medical College of Ohio de Toledo, Ohio, el cual aceptó. La vida era muy diferente en Toledo en comparación con Brooklyn. Se trataba de la zona central oeste conservadora y mis padres llamaban aún más la atención con su fuerte acento español. No obstante, ahora mi familia estaba acostumbrada a adaptarse a los cambios. Mis hermanos eran adolescentes que iban a la escuela secundaria y se estaban adaptando a su nuevo ambiente y calidad de vida. Mi padre estaba trabajando mucho para consolidar el programa pediátrico en Toledo y las cosas estaban yendo bastante bien, según lo planeado. Mis padres tenían sus planes, pero el Señor tenía una sorpresa para ellos. A los 43 años, mi madre quedó embarazada. Uno puede imaginar la sorpresa y la alegría de todos. Mis padres esperaban una niña, de hecho, el primer hijo que mi madre tuvo en Cuba no era mi hermano mayor, sino una niña. Su nombre era Carmen y falleció, cuando tenía 2 días de nacida, por una complicación que hubiera podido ser resuelta hoy en día. Está sepultada en Cuba. Desde ese momento, sólo habían tenido dos hijos, mis hermanos Raúl y Ralph y pensaron que, tal vez, esta vez tendrían una niña. ¡Qué maravilloso sería criar una niña!

El embarazo de mi madre iba bien y muchas de las esposas de los médicos del hospital se hicieron amigas de mi madre y la ayudaban mucho. Se sentían muy cómodos en Toledo y estaban muy entusiasmados con la idea de ser padres maduros de una niña en camino. Muchas de las familias de los médicos de Toledo tenían la edad de mis padres y supongo que muchos de ellos vivían la situación a través de mis padres. La gente de Toledo era muy amable y afectuosa con mi familia. Como puede esperarse, de todos modos, otra sorpresa estaría por llegar.

Mi madre nunca pudo llevar adelante un embarazo completo. Mi hermano mayor, Raúl, nació a los 7 meses y pesó 4 libras. Ralph nació a los 8 meses y no existieron complicaciones notorias, a pesar de llegar un mes antes. Yo nací a los 7 meses con un sistema respiratorio gravemente subdesarrollado, pesaba 4 libras y desarrollé una infección gastrointestinal muy grave mientras estaba en el vientre de mi madre. Mis posibilidades de supervivencia eran pocas. Padecía nuevas complicaciones a diario y pasé mis primeros 26 días de vida en la ICU de neonatología del hospital de Toledo. Mis padres estaban devastados, yo estaba muy enfermo y nadie pensó que podría sobrevivir. Los recuerdos horribles de mis padres de haber tenido que enterrar a una hija estaban repitiéndose. Un sacerdote me bautizó en una incubadora por temor a que falleciera. Fue difícil para mi madre recibir el alta en el hospital y no llevarme con ella. Todos los días, iban a misa y le pedían al Señor que no me dejara morir.

Fue voluntad de Dios que yo me recuperara y que cumpliera con mi meta en la vida. Me recuperé y, gracias al Señor, desde ese momento, estoy muy sano. A pesar de que nací con 4 libras, luego me convertí en el más alto y fuerte de mis hermanos.

Mis padres, finalmente, se mudaron a Miami, Florida, donde mi padre fue Jefe de Personal en el Hospital de Niños de Miami durante 16 años. Aunque hoy está retirado de la medicina, continúa trabajando para ayudar a su prójimo en todo lo que hace. Crecer en Miami fue divertido e inesperado, por no decir más. En 1980, la familia de mi madre, integrada por 8 hermanos y hermanas, y sus familias llegaron en el éxodo del Mariel. Este hecho, apoyado por Castro, les ofreció una única oportunidad a todos los que quisieran irse de Cuba. Castro, por supuesto, utilizó esta ocasión para vaciar sus prisiones y enviar a Miami a algunos de los peores criminales de Cuba. Esto fue muy bien retratado en la película <u>Cara Cicatriz.</u> Junto con esos personajes inmorales, llegaron muchos cubanos honestos y trabajadores que buscaban libertad y que deseaban fervientemente iniciar una nueva vida honesta en los Estados Unidos.

En 1980, mi padre estaba enfrentando una situación desafiante. La enorme familia de mi madre estaba llegando a Miami con nada y dependían de la ayuda de mis padres. Mi padre tuvo la previsión y, gracias a Dios, los recursos económicos, para comprar un pequeño edificio de departamentos de doce unidades. Tengo recuerdos tiernos de visitar el edificio, en el que en cada uno de los pisos vivían mis tías, tíos y primos. Finalmente, mi padre ayudó a todos a conseguir trabajo y a establecerse. Todos viven hasta hoy en Miami y somos una familia muy unida y afectuosa.

Ciertamente, tuve un maravilloso ejemplo de liderazgo, coraje y fe en mis padres, en mi familia y, en especial, en mi padre. Más allá de los muchos desafíos y de la incertidumbre a la que se enfrentaron, encararon su situación y salieron airosos. En lugar de pensar: "¿Por qué yo?" pensaron "Por qué NO yo? y siguieron hacia adelante. Mi padre no esperaba triunfar; tenía fe que iba a triunfar y sabía que Dios tenía un mejor plan para él. Este ejemplo de fe fue la base con la que Dios me bendijo para poder luchar hoy una de las batallas más importantes de mi vida con lo que le sucede a Bella.

Un hijo, un esposo, un hermano y amigo.

Al ser el más pequeño y la sorpresa de la familia, disfruté muchas bendiciones y también me enfrenté a adversidades. Mi niñez no pudo haber sido más feliz. Como mis padres ya estaban instalados en los Estados Unidos y mi padre trabajaba como médico, mi crianza en Miami fue muy diferente a la de mis hermanos, que vinieron de Cuba cuando eran muy pequeños y que después pasaron por Puerto Rico, Brooklyn y Ohio.

Cuando mis hermanos ya eran grandes, la situación económica de mis padres era alentadora. Aunque eran muy jóvenes en ese momento, dejar Cuba y mudarse con frecuencia fue traumático y duro para ellos. Mi hermano Ralph, a menudo cuenta que cuando tenía 4 ó 5 años no podía jugar con el resto de los niños del vecindario en Brooklyn porque no hablaba inglés. Le decía a mis padres que habia aprendido a hablar en inglés. Cuando le pedían que dijera algo en inglés, Ralph decía sandeces pensando que podría engañar a mis padres. Los niños tienen mucha imaginación. Mis padres se distinguían por su acento marcado y no podían atender todos los pedidos de mis hermanos. Si bien esto era difícil para ellos, como niños, para mis padres lo era aún más. Mi madre, que alguna vez había comprado ropa a la medida para mis hermanos en las boutiques más caras de La Habana, ahora compraba en Goodwill y aceptaba ropa usada para vestir a sus niños. Algunos sábados salían a buscar ropa y muebles en las ofertas de garaje o, incluso, tomaban muebles que la gente dejaba al costado de la carretera. Llevaban una vida muy simple y humilde, pero siempre seguían adelante. Cada día trabajan más y les enseñaban a sus hijos el valor del dinero y de la fe en Dios.

A mí también me enseñaron lo mismo que a mis hermanos. A no olvidar nunca de dónde uno viene, a no subestimar nunca el valor de un trabajo duro y honesto, pero, sobre todo, a ser agradecido con Dios y a ayudar a los demás como me gustaría que me ayudaran si alguna vez tuviera esa necesidad. La diferencia principal es que mis padres contaban con estabilidad económica y que, gracias al arduo trabajo de mi padre, se posicionaban en una clase media alta. Durante mi infancia no había nada que no pudiera tener, con justa razón por supuesto. Cuando no conseguía algo que pedía era porque no lo merecía, no porque mis padres no pudieran dármelo. De niño, cuando me enfermé, mi madre le prometió a Dios que si sobrevivía, yo iría a una escuela católica hasta que me graduara de la escuela secundaria. Mantuvo su promesa y así fue, hice buenos amigos y, lo más importante, es que comencé mi relación personal con Jesucristo.

Nuestro pasatiempo favorito como familia era navegar. Hemos viajado a muchos sitios en nuestro barco, tanto en aguas de los Estados Unidos como en internacionales. Participamos en muchos torneos de pesca y hemos conocido y visitado muchos sitios hermosos. Mi infancia era privilegiada por muchos motivos y siempre me enseñaron a ser agradecido, responsable, generoso y honesto. De niño nunca me castigaron, mis padres me inculcaron un sentido del bien y del mal tal que cuando me portaba mal o hacía algo incorrecto, me apenaba tanto que sólo una mirada de desaprobación de mi padre era un castigo para mí. En resumen, mi niñez fue verdaderamente feliz.

Una de las desventajas de ser el niño pequeño de la familia era la edad de mis padres. Al crecer, ellos eran mayores en comparación con los padres de otros niños. Rara vez me divertía jugando con mi padre, él siempre estaba en el hospital o en conferencias médicas. De niño, jugaba al fútbol y era muy bueno, jugaba en equipos itinerantes que viajaban a América Central y me invitaron a ir a jugar a Europa. Mi madre iba a todos los partidos, pero mi padre no iba a ninguno. Sin embargo, nunca sentí rencor hacia él, entendía que tenía una gran responsabilidad y que era y es el mejor padre con el que podía haber sido bendecido. Sin embargo, por la edad de mis padres siempre temí su muerte cuando era niño. De hecho, cuando nací, mis hermanos ya estaban cerca del final de su adolescencia y mis padres les decían que tenían que amarme y estar preparados para cuidar de mí si, Dios no lo quisiera, a ellos les ocurriera algo. Además les imploraban a mis hermanos que buscaran una mujer que me amara y me tratara bien y se casaran con ella por esa misma razón.

Yo siempre le pedí a Dios que me permitiera tener a mis padres con vida hasta que cumpliera 20 años, por lo menos. Creía que a esa edad podría cuidarme si, Dios no lo permitiera, algo sucediera. No hace falta decir que mis padres están vivos y que le agradezco al Señor que así sea todos los días. Mi padre tiene 83 años y mi madre, 75. Han sido seres ejemplares, les han mostrado a sus hijos la fe, el coraje, la determinación y el liderazgo. Otro tema contra el que luché con respecto a la edad de mis padres es que siempre me sentí estafado en comparación con mis hermanos porque yo era, en cuanto a años, el hijo que pasaría con ellos el menor tiempo mientras siguieran con vida. Quería que mis padres conocieran a mis hijos. Tampoco quería forzar la situación y tener niños demasiado pronto sólo para conseguir mi meta y, tal vez, desamparar a mis hijos. Llegué a entender que la calidad del tiempo sobrepasa la cantidad y, gracias a Dios, mis padres y mis dos niñas tienen una excelente relación.

A los 19 años conocí a la mujer con la que me casaría. Era amiga de un amigo y, en ese momento, pensaba que no era para mí. Creía que tenía una idea de la mujer con la que me casaría. Debía ser cubana, católica, sumisa, de una buena familia y buena cocinera. No sabía que Dios tiene sentido del humor. Cuando conocí a la que sería mi esposa, no era cristiana, de hecho, era judía. Provenía de una familia disfuncional de padres divorciados, no era cubana, era atrevida, irascible, no hablaba español y no sabía hacer una tostada sin que se le quemara. Es decir, era todo lo opuesto a lo que hubiera pensado que era lo mejor para mí. Mientras yo creía que sabía como debía ser mi futura esposa, el Señor puso a Shannah, el amor de mi vida, frente a mí una noche en South Beach por una razón específica. Cuando nos conocimos, yo vivía en Gainesville, iba a la facultad de la Universidad de Florida y estaba en Miami por las fiestas. Sorprendentemente, Shannah se iba a Gainesville en dos días. Cuando le pregunté adónde iba a vivir, me respondió que se mudaba a "los departamentos Oakbrook Walk", exactamente el mismo sitio en el que yo vivía. ¿Era una coincidencia? No, era la "incidencia de Dios". Por si no conoce Gainesville, hay miles de departamentos de alquiler y condominios que los estudiantes rentan durante los semestres.

Nuestros años de noviazgo en la universidad fueron duros, éramos muy distintos en muchos aspectos. Nos peleábamos y nos reconciliábamos constantemente. Yo era inmaduro y estaba más interesado en pasarla bien, más que en estudiar. Como ella no era mi futura esposa, pensé que estaba bien que fuéramos novios por el momento, pero que nunca me casaría con ella. Pasaron los años y, finalmente, rompimos por un período más prolongado, nos volvimos a ver y a tener contacto porque teníamos los mismos amigos. La trataba muy mal en ese entonces (lo que ella nunca me permitirá olvidar y lo que estoy compensando ahora). Yo era inmaduro y decidí que ella no me importaba. Más allá de eso, creía que podría volver con ella en cualquier momento. Un verano fuimos a pescar con mi familia a las Bahamas. Estábamos en un paraíso absoluto y yo estaba haciendo lo que más me gusta hacer en la vida, pero, por motivos que sólo el Señor conoce, en ese momento lo único en lo que pensaba era en Shannah. Para ese entonces, me había convencido de que no la amaba realmente, pero no era así. Me había convencido a mí mismo de que nunca funcionaría, me repetía que casarme con ella sería un desastre, pero, por primera vez, me di cuenta de que la amaba. Entendí que todas esas diferencias no importaban, que debía crecer y decirle a ella que la amaba y que ahora era un hombre maduro.

Cuando volví de Great Harbor, Bahamas, llamé a Shannah (sabía que me respondería, esa chica me adoraba) y la invité a cenar a su restaurante favorito, The Rusty Pelican, en Key Biscayne, y ella aceptó. Yo vestía traje y corbata porque quería demostrarle que había madurado y que realmente quería estar con ella. Se veía preciosa esa noche cuando fui a buscarla y salimos a cenar. Para mi sorpresa, ella estuvo mirando el reloj y recibiendo llamadas telefónicas de sus amigos toda la cena. Me contó que tenía novio y que ya no estaba muy interesada en mí. Pero más que lo que me dijo, lo que me impresionó fue la forma en que lo hizo. Lo decía en serio, me había olvidado. Yo no podía creerlo. ¿Sólo aceptó mi invitación para cerrar ese capítulo de su vida? ¿Sólo le importaba cenar langosta y ver mi reacción ante la noticia? No me quedaba claro. La noche terminó algo fría y eso fue todo. Ahora yo estaba del otro lado de la relación: yo la quería, pero ella no quería estar conmigo. Sentía rencor hacia ella, pero mantenía la perseverancia. Unos meses después, su abuela, con quien ella tenía una relación muy cercana y que había sido su verdadera madre, falleció. Beverly era una mujer maravillosa y afectuosa que me trató siempre de manera muy amable. Cuando falleció, Shannah recurrió a mí para que la consolara. Yo estaba confundido y, como un estúpido, pensé que la mejor manera de recuperarla era tratarla como lo había hecho en la universidad. No podía creer que ahora que yo estaba siendo amable y que realmente quería una relación, ella no quería nada conmigo. Le hablé y la consolé por la pérdida, pero, por tonto, no fui al funeral de su abuela. Todavía me lamento por eso.

Yo seguí cortejándola y ella rechazándome. Una noche especial, yo fui con mi amigo Andy a un club de Miami Beach. Esa noche nosotros, dos solteros que salían para pasarla bien, bailamos con las mujeres con las que finalmente nos casaríamos. Andy conoció esa noche a una chica con la que enseguida se entendió. Él nunca había sido un gran bailarín, pero esa noche bailaba como si fuera Fred Astaire. Por casualidad, Shannah fue al mismo club con un grupo de amigos. Lucía bellísima, como si fuera una película cursi, nos miramos a través de la pista de baile y una de nuestras canciones favoritas comenzó a sonar. Comenzamos a bailar y, mientras bailábamos, en un momento, ella me miró a los ojos y susurró "te amo". Le respondí y de allí en adelante las cosas cambiaron en nuestra relación para mejor.

Cuando tenía 24 años, nos casamos dos veces en dos días; primero con un sacerdote y, luego, con un rabino. Nuestro matrimonio con el sacerdote se mantuvo en secreto para la familia de Shannah. Ellos, aunque son judíos por tradición, no practican su fe con regularidad. Durante los primeros años de matrimonio no hablamos sobre Jesús para no ofender a su familia, yo podía hablar sobre judaísmo, pero no sobre mi creencia en Cristo. Nuestro casamiento judío fue enorme, con más de 200 invitados, pero, lamentablemente, hubo un huracán de grado 1 (el Irene) el día anterior. La idea era reunir al sacerdote y al rabino, pero el primero sufrió una inundación y no pudo asistir. Por ese mismo huracán 80 invitados no pudieron venir. Nos casó el rabino y nuestra recepción de boda sería indicativa del futuro por venir. Mi familia es muy grande, muy católica cubana y un grupo bullicioso, muchos de sus integrantes sólo hablaban español. La familia de Shannah, que es judía, es algo tímida y sólo habla inglés.

Por todas estas diferencias, creo que lo único que tenían en común era la bebida (mucha), el baile y la diversión. Lo que presenciamos en nuestra boda fue inexplicable y francamente divertidísimo. El disc-jockey mezclaba Gloria Estefan y Havana Gila. La gente que ni siquiera hablaba el mismo idioma estaba bailando y pasándola bien. Si alguna vez alguien necesitara una buena sonrisa, debería visitar nuestra casa y yo con placer le mostraría el video de esa divertidísima noche.

Esto ilustra el modo en que nuestras familias se llevaron. Aunque hay muchas, muchas diferencias, siempre han encontrado una manera de encontrar algo en común. Aprendí a amar a la familia de Shannah y a aceptarla como propia.

Hace 9 años que nos casamos, algunos años han sido mejores que otros, pero nuestra relación y nuestra comprensión del otro con el otro mejoran cada día.

La historia de Bella

El nacimiento de nuestra hija Bella no pudo haber sido más feliz. Estábamos entusiasmados como todos los padres, pero este nacimiento era muy especial por dos razones principales: en primer lugar, mis padres todavía vivían, gozaban de buena salud y tendrían definitivamente la oportunidad de conocer y criar a mi hija. En segundo lugar, se trataba de una niña. Deseaba tanto darle a mi madre otra niña, ya que ella había perdido a su primera hija (Carmen) en Cuba cuando tenía dos días de vida, sólo tenía niños y todos los hijos de mis hermanos eran varones. Era la última esperanza de tener una niña. Le pedí al Señor que me permitiera tener una niña para mi madre, por eso estaba encantado de saber que iba a poder dársela.

El parto de Bella fue complicado. Shannah y yo fuimos al hospital una noche porque estaba teniendo leves contracciones. Luego de un ultrasonido, se determinó que Shannah tenía poco líquido amniótico. El médico del hospital nos indicó que volviéramos a casa, que cenáramos y que recogiéramos nuestras cosas para una internación. Regresamos al hospital unas horas después y a la mañana siguiente le indujeron el parto a Shannah. El trabajo de parto duró 13 horas y como Bella no evolucionaba, se decidió practicar una cesárea.

Bella nació el 12 de diciembre de 2002. La familia entera estaba alborozada con nuestra niña. Aunque el parto no fue simple, Bella parecía ser sana y normal. Luego de 3 días en el hospital, fuimos a casa con nuestro nuevo manojo de alegría.

Bella era una niñita feliz en la mayoría de los aspectos. Mi padre, al ser pediatra, observaba con entusiasmo su desarrollo y estaba contento con su progreso durante los primeros meses. Cerca del octavo mes, todo cambio. Algunos de nuestros amigos y conocidos también tenían niños de la edad de Bella y a veces nos reuníamos con ellos y con todos sus niños. Shannah y yo comenzamos a notar que Bella no intentaba voltearse ni sentarse, algo que los otros bebés sí hacían. En realidad, algunos ya habían empezado a gatear y a sentarse. Yo no era conciente de que algo podría estar mal, sólo creía que Bella tenía una maduración tardía, pero Shannah, que es maestra de educación especial, y mi padre, en forma privada, comenzaron a notar que Bella no estaba alcanzando ciertas etapas importantes de su desarrollo. De hecho, la parte posterior de su cabeza estaba comenzando a achatarse, ya que no hacía otra cosa que estar constantemente recostada sobre su espalda.

Un día, mientras Shannah estaba en una clase de juegos de "mamá y yo", la maestra se acercó a Shannah en privado. Le preguntó si alguna vez le habían practicado a Bella algún análisis de diagnóstico neurológico. Dijo que notaba que Bella estaba muy atrasada respecto de los demás niños y que, probablemente, fuera una buena idea. Shannah estuvo de acuerdo.

Regresó a casa y me comentó lo que la maestra había dicho, mi respuesta fue de incredulidad y negación. Shannah, que contaba con capacitación como maestra de educación especial, realmente sabía qué debía observar y llamó a mi padre para comentarle el tema. Él le confesó que también había observado que la niña no se estaba desarrollando de manera óptima y propuso consultar a un neurólogo muy amigo suyo para que la revisara.

Durante la consulta, a Bella le diagnosticaron un retraso en el desarrollo global y una disminución en el tono muscular: "hipotonía". Le indicó que realizara fisioterapia, terapia ocupacional y de habla. Este era el comienzo de un programa semanal exigente de terapias para Shannah y para Bella que continuó por años. Por gracia de Dios, con la ayuda de la fisioterapia, Bella aprendió a sentarse y a gatear. Su cabeza comenzó a tomar la forma normal y sus capacidades motoras finas iban mejorando. Su habla y su lenguaje, lamentablemente, presentaban y presentan un gran retraso.

Además del desafío de sus retrasos en el desarrollo, Bella también comenzó a desarrollar trastornos graves en el sueño. Nunca durmió una noche entera en cuatro años y, por lo tanto, tampoco nosotros. Estábamos desesperados y probamos todos los remedios que se puedan imaginar, desde suplementos holísticos hasta medicinas, incluso un costoso especialista en sueño. Si bien el especialista demostró ser de lo más efectivo, Bella no podía dormir una noche completa.

Los años transcurridos entre el diagnóstico sobre el retraso en el desarrollo de Bella y hasta que cumplió cuatro años fueron exigentes en muchos aspectos. Bella no se adaptaba bien en ambientes sociales, padecía un "trastorno del autocontrol", lo que significaba que si estaba enojada, le podía tomar, literalmente, horas para calmarse. Si estábamos en un lugar público o en una fiesta de cumpleaños, debíamos de estar listos para retirarnos abruptamente si Bella no se adaptaba. Como consecuencia de su severo retraso en el habla, Bella se frustraba mucho al no poder comunicarse. Se pueden imaginar lo poco bien recibidos que éramos nosotros y Bella por los padres del resto de los niños por este motivo. Era doloroso sentir el peso de las miradas de otros padres y niños que, a menudo, se reían e imitaban los ataques que Bella solía hacer.

Nuestra vida era muy predecible, estábamos siempre en casa. No salíamos con Bella, ya que constantemente intentábamos hacerla dormir la siesta o a descansar y todos estábamos cansados. La llevamos a un conocido neurólogo que se especializaba en este tema para ver si era autista. Afortunadamente, determinó que no sufría de autismo y que debía continuar con todas las terapias. Fue un momento muy frustrante, porque no encontraban en Bella nada en especial más allá de su retraso. Mucha gente, incluida nuestra propia familia, descartaba o minimizaba la posibilidad de que hubiera algo raro en ella más allá de su mala conducta, de su mala crianza y su retraso en el desarrollo. No íbamos a reuniones familiares por temor del inevitable desastre que Shannah y yo esperábamos. Las pocas veces que salimos durante estos años, la gente se portó muy mal. Si íbamos a un restaurante, la gente hacía comentarios sobre nosotros, era terrible. Una noche, fuimos a cenar y una persona se acercó a decirnos "deben aprender a criar a su hija". La gente a veces puede ser muy cruel e irrespetuosa cuando no entiende o visualiza lo que se diferencia a sus normas.

En 2005, nació nuestra segunda hija, Rayna. Fue una gran sorpresa, ya que nuestro matrimonio pasaba por su peor momento. Por supuesto, si no fuera por estas sorpresas, supongo que la mitad de nosotros no estaríamos aquí. Estábamos completamente conmocionados de que Shannah estuviera embarazada. ¡Qué sentido del humor tiene Dios! No podíamos creer que íbamos a tener otro niño, con todo el trabajo que nos costaba criar a Bella. Aun así, Rayna fue y sigue siendo una niñita increíble y una gran bendición para todos nosotros.

Nuestra vida con Bella siguió siendo dura. En 2005, tuve que viajar a Puerto Rico, ya que me habían ascendido e iba a reunirme con mis empleados allí por última vez. Decidimos hacer el viaje en familia. En ese momento, Bella tenía tres años y medio y Rayna, uno y medio. Shannah y yo sentimos cierta aprehensión antes de embarcarnos, después de todo, estar encerrado en una avión durante varias horas con dos niñas pequeñas nunca fue el pasatiempo favorito de ningún padre. Y conociendo los problemas de Bella cuando salíamos del ambiente familiar, podría parecer un desastre. En el vuelo, Bella tuvo un ataque tal que no podía controlarse a sí misma y que la gente nos miraba con mala cara e, incluso, un pasajero nos dijo "No sé cuánto más podré tolerar esto". Bella estaba histérica pateaba el asiento de enfrente mientras se golpeaba la cabeza y gritaba. Cuando el avión, finalmente, aterrizó, Shannah estaba llorando, el avión estaba lleno y la gente del aeropuerto, incluso, entró en el avión para ver qué sucedía. Mientras se acercaban hasta nosotros a través del pasillo, en dirección contraria al paso de los pasajeros que salían del avión, Bella se ponía cada vez peor. Como estábamos varados en medio, todos los que pasaban por nuestro pasillo nos miraba con mala cara o hacían comentarios por debajo. Puerto Rico es extremadamente caluroso en verano y ese día no era la excepción. El calor se combinaba con el aroma a combustible del avión, sumado a la incomodidad de esta aventura. En la desesperación, al ver a mi hija consternada y a mi esposa sufriendo por la frustración y la vergüenza, en cuestión de segundos todo se desbordó y, en un esfuerzo por aliviar la situación, me paré y dije "señores, por favor, mi hija es autista, por favor déjennos en paz". Como mencioné anteriormente, Bella, gracias a Dios, no tiene autismo, pero es lo único en lo que pude pensar para que la gente entendiera que no se trataba de una niña malcriada y rebelde. Me sentí tan humillado y reprendido por la falta de compasión y empatía que me hizo pensar en lo que a veces debe sentir un marginado de la sociedad. En esta situación en especial, ¡nosotros éramos los marginados!

Cuando finalmente llegamos al hotel, estábamos tan perturbados que Shannah me dijo que se negaba a volver a Miami en avión. ¿Cómo podría culparla? Nadie quería revivir la horrible experiencia que ya habíamos enfrentado. Averiguamos sobre irnos en barco. Llamé a American Airlines y les expliqué la situación de Bella y lo "aturdidos" que estábamos. Me informaron que según la Ley de Estadounidenses con Discapacidades (ADA) seguramente nos brindarían asientos cerca de la mampara, lo que sería más cómodo para Bella. El problema, sin embargo, es que sólo un padre puede sentarse con ella. Luego de considerar diferentes opciones, sentimos que no habría ninguna forma más rápida que tomar otro avión. Decidimos que Bella se agitaría aún más si se sentara sólo con uno de nosotros, por eso, regresamos a Miami en avión y nos sentamos juntos. Con la aprobación de nuestro médico, le dimos a Bella una dosis triple de Benadryl y nos tomamos un vuelo nocturno, con la esperanza de que durmiera. Gracias a Dios, Bella tuvo un viaje mucho mejor, pero no se durmió a pesar de nuestros esfuerzos.

La terrible experiencia del avión y el resto de las pesadillas sociales que vivimos son difíciles de describir. Como ya he mencionado, incluso nuestras propias familias desconocían lo que estábamos pasando. Nos contaban historias como "mi madre tenía un primo que era retrasado, por cierto, no habló hasta los 8 años y, finalmente, se convirtió en un genio millonario". Este tipo de comentarios no ayudaban, sabíamos que algo no estaba bien en Bella, pero como físicamente no se encontraba nada, la gente asumía que sólo era una niña caprichosa con una mala crianza. A veces, la gente que más nos hiere es la que más nos ama. Sé que suena raro, pero es verdad.

En 2006, uno de los médicos ordenó con disgusto una imagen por resonancia magnética del cerebro de Bella porque Shannah y yo insistimos. Este reveló que sufría de leucomalacia periventricular. Son ataques en la materia blanca del cerebro causados por un bajo nivel de oxígeno o hipoxia durante el parto.

Si bien la leucomalacia periventricular no representaba de ninguna manera una esperanza, al final sabíamos cuál era la raíz de la situación. El plan era intensificar sus terapias y salir de la completa negación de que Bella era sólo una niñita con leves retrasos en el desarrollo. Increíblemente, ahora, con esta imagen por resonancia magnética como prueba, muchos de los que nos rodeaban comenzaron a ser más comprensivos, especialmente nuestros familiares. Ahora era real, no se trataba de una mala crianza o de un leve retraso, había, efectivamente, algo que no estaba bien en Bella. A pesar de que para Shannah y para mí era muy bueno comenzar a escuchar palabras de comprensión, eso, por cierto, no borraba los años de problemas que habíamos pasado y las sucesivas noches sin dormir. También nos preocupaba un poco el futuro. ¿Habría efectos a largo plazo? ¿Bella tendría problemas de comprensión y de conducta? ¿Podría alguna vez ponerse a tiro con sus pares?

Aunque la vida no había sido fácil durante esos años, nos sentíamos dichosos. ¿Quién hubiera llevado esta situación de mejor manera? Nuestra familia estaba muy bien preparada, con una madre quien era maestra de educación especial y un pediatra renombrado y cariñoso como abuelo. ¿Quién podría sobrellevar esto mejor que nosotros? Seguimos enfrentando la situación y seguimos con la terapia y las clases de educación especial para Bella en la escuela pública local.

Durante muchos meses la vida de nuestra familia mejoró. Bella iba a dos escuelas, a la mañana, iba a la de educación especial y, a la tarde, iba a una clase común en el Centro de la Comunidad Judía de Miami. Asimismo, teníamos terapeutas que venían a casa todos los días. También recibíamos ayuda de una maravillosa organización sin fines de lucro de Miami llamada The Friendship Circle. Es una organización en la que los adolescentes se ofrecen como voluntarios para ir a hogares de niños con necesidades especiales a jugar con ellos. En resumen, si bien nuestra vida era muy agitada, con una semana repleta de actividades tanto para Bella como para Shannah, teníamos una rutina estable. Bella, incluso, comenzó a dormir mejor, aunque todavía no lograba dormir toda la noche, iba mejor. Nuestra familia y nuestros amigos cercanos se volvieron más comprensivos y todos venían a casa, ya que entendían que para nosotros no era fácil salir. Aprendimos a aceptar y a adaptarnos a hacer cosas de formas nuevas.

Yo estaba muy comprometido con mi trabajo, pero, por suerte, mi puesto ofrece una gran flexibilidad y trabajo desde casa. La desventaja era que tenía que viajar mucho, lo que se hacía difícil para todos, pero, en especial, para Shannah que tenía que "defender el fuerte" sola. Aunque ganaba buen dinero a los 28 años, el trabajo implicaba, debido a los viajes, un sacrificio. A menudo evaluaba la posibilidad de tomar un trabajo en Miami que no exigiera viajar, de todos modos, trabajaría todos los días desde la mañana hasta la noche en una oficina y no tendría la flexibilidad que tenía de ir ocasionalmente a la terapia con Bella y Shannah o cuidar a Rayna cuando trabajaba en casa. Por otra parte, ganaba muy bien y necesitaba el dinero. Los copagos de Bella y las terapias opcionales eran y siguen siendo muy costosas. No obstante, las cosas iban mejor y le agradecíamos a Dios que pudiéramos manejar la situación, especialmente porque el nivel de leucomalacia periventricular que Bella tiene es extremadamente leve. Un gran porcentaje de niños con este diagnóstico finalmente sufren de parálisis cerebral, están en silla de ruedas y padecen una gran cantidad de problemas neurológicos y de salud. En una escala de gravedad del 1 al 10, gracias a Dios, el estado de Bella era de 1. Las cosas *siempre* podían ser peores y nos sentíamos muy afortunados de que se tratara de un impedimento leve en la gran escala de cosas.

¡SALDRÁ CAMINANDO DE AQUÍ!

Después de un corto vuelo desde Orlando, llegué a la sala de emergencias del Hospital de Niños de Miami y me recibió mi amigo José. Él y yo habíamos sido muy amigos desde nuestra niñez. Fuimos juntos al colegio y compartimos muchos buenos tiempos. Nos conocíamos desde tercer grado. Afortunadamente, después de recibir mi llamado telefónico desde el aeropuerto de Orlando, decidió dar por finalizado su almuerzo de negocios y dirigirse al hospital para acompañar a Shannah y a Bella. ¡Qué bendición!

Cuando llegué, encontré a Bella y a Shannah agotadas. Shannah me explicó que Bella no había dormido para nada la noche anterior. Estuvo despierta toda la noche, tropezando y cayéndose cuando caminaba. En la mañana, no podía mantenerse en pie.

Imagínense escuchar esto, no podía creer la escena que tenía delante de mí. Estaba incrédulo e intenté hacerle cosquillas en los muslos a Bella. Nada. No podía moverlos. Bella no podía caminar. Estaba incoherente, cansada y muy, muy irritada, especialmente, después de haber pasado horas en el hospital. Darme cuenta de que Bella estaba paralizada me dio un sentimiento de impotencia. Quería tanto que se levantara y caminara y, sin embargo, parecía que no había nada que yo pudiera hacer. Aunque estaba asustado, hice lo mejor que pude para asegurarle a Shannah que todo estaría bien. Esa noche, la punción lumbar, de hecho, confirmó el diagnóstico del

Síndrome de Gillain- Barré. Vinieron a mi mente los recuerdos de la enfermedad de mi padre. Él había tenido una recuperación notable, y esto me proporcionó un grado de consuelo. Pensé que si mi padre se había recuperado tan bien y tan rápido, una persona joven debería hacerlo incluso mucho mejor. Recé solo en el pasillo y le pedí a Dios que, por favor, estuviera con nosotros y que rehabilitara a Bella. *¿Por qué, Dios? ¿Por qué a mí?*

Transfirieron a Bella a la Unidad de Cuidados Intensivos Pediátricos para comenzar con la terapia estándar del Síndrome de Gillain-Barré: una dosis alta de inmunoglobulina durante 5 días. En 2007, a diferencia de 1995, cuando mi padre tuvo ese síndrome, se sabía que una dosis alta de inmunoglobulina era el mejor tratamiento. El motivo del traslado era que se conocía que el tratamiento tenía efectos colaterales graves, incluso la muerte, por lo que era muy importante que las primeras dosis se administraran bajo supervisión estricta. La primera noche en la Unidad de Cuidados Intensivos fue difícil. Allí nos encontrábamos en aislamiento parcial; Bella estaba apartada en un rincón de la Unidad, pero era parte de la población de otros pacientes. Todo a nuestro alrededor era tubos, máquinas, monitores y muchos enfermeros muy ocupados. Por momentos, parecía un hormiguero humano con personas corriendo de un lado a otro y atendiendo constantemente las necesidades de estos niños. Las imágenes mentales de la primera noche fueron bastante perturbadoras. Había dos niños que tuvieron un paro cardíaco y murieron esa noche frente a mis ojos. Por suerte, Bella estaba dormida. Mientras estaba sentado, viendo a los enfermeros y médicos tratando de salvarles la vida a esos pequeños niños, contemplé la realidad que me rodeaba. Aquí estaba, con mi hija paralizada que yacía cerca de mí. *¿Por qué, Dios?* ¿Por qué estoy aquí? ¿Qué he hecho? ¿Por qué a Bella? *¿Por qué a mí?* Mi corazón se enfocó en los padres y las familias de estos niños. Sus pequeños seres amados habían perdido la pelea. Ahora, tendrían que ocuparse de los arreglos funerarios y demás. Es un hecho tan lúgubre y trágico para cualquier familia. Los niños son nuestra posesión más preciada. Ningún niño debería tener que sufrir jamás.

Afortunadamente, en la primera noche de Bella no hubo ningún episodio. Debido a ello, al día siguiente la trasladaron al piso de neurología, dado que había tolerado la inmunoglobulina la primera noche, sin efectos adversos.

Durante los siguientes tres días, Bella continuó su tratamiento de inmunoglobulina. Por suerte, continuó sin efectos colaterales. Ella estaba paralizada y todos cargamos con las consecuencias de su incapacidad de movimiento. Ello incluía ir al baño, que fue un increíble nuevo desafío de llevarla y limpiarla cada vez que iba, lo que a veces no era anunciado, porque no podía sentir sus intestinos.

Aquellos días fueron difíciles para todos. Nos habíamos comenzado a dar cuenta de que Bella no caminaría inmediatamente, a pesar de que la investigación sobre ese síndrome demostraba que casi todos los pacientes que recibían tratamiento temprano y agresivo como el de Bella eventualmente pueden caminar. Quizás días, semanas o meses después, pero se sabía que el tratamiento de la inmunoglobulina era el camino a seguir. Yo era el animador optimista y continuaba diciéndole a Shannah: "Ella va a salir caminando de aquí". Le dije a Shannah: "En el quinto día de su tratamiento, sus piernas comenzarán a moverse de nuevo ¡y ella va a salir caminando de aquí!". Necesitaba ser fuerte y levantarle el ánimo a Shannah. No podía verme desmoronarme; no obstante, hubo muchas lágrimas que derramé en el silencio de los viajes solitarios de ida y vuelta al hospital. Frecuentemente pensaba, mientras caminaba por los pasillos del hospital, cuántas lágrimas habrán derramado otros mientras también caminaban por los pasillos de la desesperación. Si las paredes de cualquier hospital pudieran hablar, las historias deben de estar llenas de mucho sufrimiento, agonía, desesperación y dolor.

Desafortunadamente, Bella no mejoraba. De hecho, su parálisis parecía empeorar. Desde no poder mover las piernas hasta no poder mover los dedos de los pies. Tenía que aceptar el hecho de que Bella no iba a salir caminando de ahí. Comencé a entrar en una depresión, al darme cuenta de que nuestras vidas al volver a casa iban a ser muy distintas. Ella iba a ir a casa en una silla de ruedas. Mi pequeña, mi pequeño tesoro, iba a estar confinada a una silla de ruedas y la vida no me había preparado para esto. Tantas imágenes de ella saltando, corriendo y jugando en nuestro patio parecían pasar fugazmente ante mí. Su columpio en el patio, al que ella quería tanto, ahora quedaría como un recuerdo de lo que ella no podría volver a hacer. Salí al pasillo, con el estómago retorciéndose dentro de mí. Tenía un sudor frío que me bajaba por el cuello. Con tristeza y decepción en mi voz, hice un llamado telefónico. Llamé a mi vecino, Ronnie, que es muy hacendoso y le pedí que comenzara a hacer algunas rampas para silla de ruedas para Bella en nuestra casa. Ronnie fue de mucha ayuda y se ofreció a ayudarnos de cualquier forma. Yo estaba destruido; había tenido esperanzas de que se recuperara, pero, tristemente, ése no era el caso. Tenía que aceptar la realidad.

Al día cuatro del tratamiento de inmunoglobulina, su neurólogo y su fisioterapeuta sugirieron que Bella visitara el gimnasio de fisioterapia en el hospital, para que pudiera familiarizarse con el entorno. Hasta ese punto, era claro que las piernas y dedos de los pies de Bella no podían moverse, pero no teníamos idea de qué tan grave era la parálisis realmente. Fuimos a la planta baja del Hospital de Niños de Miami y entramos en el gimnasio. Una vez que pusimos a Bella en la alfombra, todos los presentes estábamos en shock, al darnos cuenta inmediatamente de que la parálisis de Bella era mucho peor que lo que cualquiera había imaginado. Nos dimos cuenta de que Bella no podía incorporarse. Se caía de cara sobre la alfombra. No tenía músculos abdominales, ni músculos en las piernas y se arrastraba con los brazos por el piso. Estaba como parapléjica y estaba tan aterrada como todos nosotros. Hay determinados recuerdos que se graban en la mente de uno para siempre y, tristemente, este iba a ser uno que me llevaría a la tumba. Sentí un nudo en el estómago y se me aceleró el corazón. No podía creer el horror de lo que estaba viendo. Era casi como ver una película en cámara lenta. Cada centímetro de sus manos y brazos estaban aferrados a la alfombra en un esfuerzo por moverse. Era una de las escenas más desgarradoras de las que ningún padre tendría que ser testigo. Parecía como un pequeño animal al que lo había atropellado un auto y tenía las piernas rotas. ¡Nuestra Bella estaba indefensa! Por dentro, yo gritaba: *"¿Por qué, Dios?"*. Sin embargo, de alguna manera, me mantuve tranquilo por fuera. La emoción superó a Shannah y comenzó a llorar. Levantamos a Bella del piso, la llevamos a su habitación y la pusimos en su cama.

¡Qué decepción!, pensé. "Dios mío, ¿volverá a caminar algún día?". ¡Es mucho peor de lo que pensamos! Debido a lo que vimos en el gimnasio y el hecho de que parecía que no progresaba, se decidió programar una resonancia magnética de la columna de Bella para el día siguiente.

El peor día

Shannah había pasado la noche con Bella en el hospital y yo había ido a casa para dormir un poco, lo cual necesitaba mucho, y pasar un rato con Rayna. A la mañana siguiente, Shannah llevó a Bella para que la anestesien. Bella estaba sedada para la resonancia. Llegué al Hospital de Niños de Miami alrededor de las 09:15 AM. Vi a mi padre y a Shannah sentados juntos en el vestíbulo. Me senté al lado de Shannah en una de las sillas de colores llamativos, ésas que uno espera ver en un hospital de niños. Aunque no estábamos de humor para nada, al menos, estábamos contentos de que finalmente iríamos a casa y comenzaríamos nuestra nueva vida con Bella en una silla de ruedas y de lo que sabíamos que serían días intensos de fisioterapia. Queríamos ir a casa, queríamos estar juntos con Rayna y, si bien la situación era mala, estábamos listos para irnos. Luego de conversar con Shannah y mi padre durante unos tres minutos, me llamaron de un altavoz para ir a radiología. Pensé que me llamaban para firmar uno de esos formularios de exención de responsabilidad para padres a los que ya me había acostumbrado a firmar para cada procedimiento que a Bella le habían practicado hasta el momento. Desafortunadamente, este llamado era muy diferente y estaba destinado a llamar mi atención en una forma muy distinta.

Me levanté de mi asiento y comencé a caminar hacia la recepción de radiología. Cuando me levanté, noté que mi padre también se paró. Él estaba caminando conmigo y ahora Shannah estaba sentada sola en el vestíbulo. Tan pronto como mi padre y yo dimos vuelta a la esquina y estábamos fuera de la vista de Shannah, mi padre se volvió hacia mí. Estaba llorando. Nunca había visto a mi padre llorar antes. Me dijo: "Tengo algo para decirte, pero no sé cómo hacerlo. La resonancia magnética de Bella indica que no tiene el Síndrome de Guillain-Barré. Tiene un tumor alrededor de la columna vertebral. Tiene lo que creemos que es cáncer".

Me paralicé. No podía creer lo que estaba escuchando, pero ver a mi padre con lágrimas en los ojos hizo que ese momento fuera imborrable. En ese momento, las palabras que mi padre acababa de pronunciar me parecieron irreales. ¿Cáncer? Mi pequeña estaba bien, sólo con el estómago descompuesto ¿Y ahora tenía cáncer? ¿Cómo podía estar ocurriendo esto? Todo el ruido de fondo en el pasillo del hospital pareció silenciarse por completo. Por un momento, todo lo que podía escuchar era el latido de mi corazón, palpitaba como un tambor en mi pecho. Dije: "¿qué hacemos?". En ese momento, la Jefa de Pediatría del hospital, la doctora Deise Granado Villar, quien es una querida amiga y es prácticamente como de la familia, caminó hacia nosotros. Ella y el equipo completo de médicos ya habían estado estudiando los resultados de la resonancia magnética de Bella. De hecho, no había papeles para que firme, mi padre se encargó de todo el tema de los documentos para poder hablar conmigo a solas. Había estado al tanto de los resultados de la resonancia, había estado sentado junto a Shannah y no sabía qué hacer. Mientras la doctora Granado Villar, mi padre y yo estábamos parados incrédulos, ninguno podía imaginar darle las noticias a Shannah, pero teníamos que hacerlo. La doctora Granado Villar se acercó a nosotros y nos dijo: "Yo hablaré con ella". Mi padre y yo no estábamos en condiciones de darle esta noticia. Mientras los tres caminábamos hacia Shannah para hablar con ella, sentí como si fuera una experiencia extrasensorial. Era como mirar una película. El pasillo corto parecía no tener fin, con cada paso se hacía más largo y no podía llegar a ella. Aquí estaba caminando y tratando de mantener la compostura, intentando no alertarla con mis emociones o mi lenguaje corporal a la distancia.

La doctora Granado Villar empezó a darle la noticia. Shannah se paró y dijo: "Disculpe, ¿podría repetirme eso?". La doctora dijo: "La resonancia muestra que tiene una masa alrededor de la columna". Shannah comenzó a caer lentamente en la silla en total shock. "¿Está escuchando lo que le estoy diciendo?", preguntó la doctora. "Debemos llevarla inmediatamente a cirugía espinal". Shannah respondió: "No, no estoy escuchando. ¿Usted me está diciendo que Bella tiene cáncer?". Ella respondió: "Sí". Shannah susurró: "Por favor, déme algún medicamento, no puedo respirar, estoy teniendo un ataque de pánico". La doctora Granado Villar dijo: "Está bien, pero después tenemos que ir a ver al neurocirujano. Está esperando para hablar con nosotros". La doctora fue inmediatamente a la farmacia, escribió una prescripción para Xanax y se la llevó a Shannah.

Cuando llegamos al consultorio de los neurocirujanos en el edificio de Ciencias Médicas, la puerta se abrió y nos sentamos en una sala de exámenes a esperar que entrara. Nos saludó y nos mostró la resonancia de la médula de Bella, en la que se veía la masa alrededor de la médula espinal y las vértebras. Explicó que entraría a través de la espalda y que quitaría todo lo que pudiera para liberar la médula espinal. Dijo que habría mucho más que no podría quitar, debido a que la mayor parte de la masa se encontraba frente la médula y no en un lugar en donde él se sintiera cómodo cortando a raíz del posible daño mayor a la columna. Le preguntamos si Bella podría volver a caminar. Él dijo: "Lo más probable es que no. Ahora ella no está caminando y, en general, lo que uno no puede hacer antes de este tipo de cirugías, no lo va a poder hacer después". En nuestra desesperación, le preguntamos: "¿Va a vivir?". "Sin ninguna duda, esto ayudará", dijo. Le hicimos algunas otras preguntas acerca de la cirugía y él nos tranquilizó diciendo: "Si fuera mi hija, esto es lo que haría". Dijo que estaría preparado para la cirugía en una hora y que nos vería en la Unidad de Cuidados Intensivos Pediátricos.

Caminamos al vestíbulo del hospital en completo shock e incredulidad. Se sentía irreal. Debemos estar soñando y es una pesadilla de la que tenemos que despertarnos. Caminamos llorando y con miradas perdidas en nuestras caras. ¿Cómo podía ocurrir esto? ¿Cómo desarrolló un tumor? Se suponía que nos íbamos a ir a casa ¿y ahora esto? Shannah y yo encontramos un rincón en el vestíbulo y comenzamos a llamar a familiares y amigos. La primera persona a la que llamé fue mi hermano Ralph en Orlando. Como mencioné antes, Ralph es el segundo de los hermanos. Es más como un segundo padre para mí y, como mi padre, mi mejor amigo. Una vez más, me venció la emoción. Cuando atendió el teléfono, apenas pude hablar. Fui capaz de farfullar: "Encontraron un tumor". Mi hermano reaccionó con un fuerte: *"¿Qué?"* Había escuchado lo que le había dicho, sólo que no pudo darse cuenta en ese momento. Se lo repetí y Ralph comenzó a llorar en forma histérica. Él, mi cuñada Kim, quien es la madrina de Bella, y su hijo, Christian, estaban conduciendo por un puente en ese momento y pude escuchar a Kim en el fondo diciéndole que detuviera el auto a un costado. Le dije a Ralph que Bella tenía un tumor en la médula espinal y que estaría por entrar a una cirugía que duraría aproximadamente tres horas. Con miedo absoluto en mi voz, lleno de lágrimas, le dije que necesitaba desesperadamente que volara de vuelta a Miami. Él, Kim y Christian habían estado recientemente aquí durante varios días hasta el domingo, cuando a Bella le diagnosticaron por primera vez el Síndrome de Guillain-Barré. Aquí era la mañana del martes y ¡lo necesitaba de regreso! Como Ralph usualmente dice: "Ésta es la primera vez que la tierra se detiene". Le dije que si Bella no salía de cirugía no sabía qué haría y que lo necesitaba. Temía que Bella muriera durante la cirugía. Ralph y Kim no estaban en su casa. Se encontraban a una hora de ella, asegurando su condominio en la playa, en New Smyrna Beach, de una tormenta que se aproximaba a esa zona. Él dijo que tomaría el primer vuelo posible. Shannah y yo hicimos algunos otros llamados y luego nos dijeron que a Bella la trasladarían a la Unidad de Cuidados Intensivos.

En ese momento el plan del equipo era sacar a Bella de la habitación de resonancia magnética, en donde ya se encontraba bajo anestesia, y prepararla para una anestesia más profunda para la cirugía espinal. Cuando la doctora Granado Villar, mi padre, Shannah y yo entramos en la Unidad, había una escena caótica.

Para ese entonces, la mayoría de los empleados del hospital que le tenían mucho cariño a mi padre y habían trabajado con él por tantos años cuando él era jefe del personal, se habían enterado de lo que le estaba ocurriendo a Bella. La Unidad estaba llena de aquellos que cuidaban a Bella y otros empleados del hospital que se encontraban ahí para dar apoyo. La tensión en la sala era extremadamente alta y había un escuadrón de enfermeros y médicos apiñados alrededor de Bella, que estaba inconsciente y siendo asistida por respiración mecánica. Ya había visto a Bella entubada dos veces por semana, pero esto era completamente diferente. La estaban conectando a múltiples vías intravenosas y otros dispositivos. Las personas estaban extremadamente nerviosas, las emociones a flor de piel; algunos empezaron a gritar: "Cuiden a esta pequeña como si fuera mi hija; ¡sálvenle la vida!". Sin ninguna duda, las imágenes que tengo de esto son los peores momentos de mi vida. Mi querida hija, que hace una semana estaba nadando en el campamento de verano, yacía inconsciente con tubos y aparatos colgados en cada centímetro de su cuerpo. Sentí todo tipo de emociones, desde miedo, terror, ansiedad, desesperación y enojo, pero más que nada incredulidad y shock completos. Shannah se abrumó de repente por toda la situación y pensó que iba a desmayarse. Algunos de nosotros, incluso un médico de la Unidad, le trajimos una silla y comenzamos a reconfortarla y consolarla. Era terrible, como si el piso se hubiera abierto y estuviera a punto de tragarnos. El mundo que conocíamos ya no existía.

Antes de que Bella entrara a cirugía, le había pedido a un sacerdote que viniera y la ungiera. El sacerdote, que era el capellán del hospital, llegó enseguida. Él y yo nos paramos ahí, intentando posar las manos sobre Bella; no obstante, no fuimos capaces de tocarla, debido a la gran cantidad de personas que trabajaban rápidamente sobre ella. Le rogué al joven jefe de enfermería que nos permitiera tener unos minutos para rezar por Bella, pero era una emergencia. Finalmente, cuando ella estuvo estable y todas las máquinas funcionaban correctamente, nos concedieron 2 minutos para rezar por Bella. Cuando el sacerdote rezó por mi hija y ungió su frente con aceite para darle el sacramento de unción de los enfermos, sentimos un momento de paz temporal. No obstante, inmediatamente después, la realidad nos golpeó. Nos informaron que necesitaban a Bella enseguida en la sala de operaciones. Un séquito, incluso Shannah y yo, empujamos la camilla hacia la sala de operaciones, mientras ella yacía inconsciente. En la puerta del área esterilizada, a la que no podíamos entrar, la bendije y recé por mi pequeño ángel. Le pedí a Dios que estuviera con ella y que la salvara. Le pedí a Dios que le diera al equipo médico la conveniencia y diligencia precisa en su trabajo para salvar a mi hija. Y así, ella se fue a cirugía.

En este punto, varios miembros de nuestra extensa familia comenzaron a llegar al hospital. Básicamente, nos adueñamos de la sala de espera y, a medida que más amigos y familiares empezaron a llegar, nuestro grupo desbordó el pasillo. Yo caminaba de un lado a otro del pasillo y esperaba con desesperación la llegada de mi hermano Ralph. Mientras me mantenía tan fuerte como podía por Shannah, por dentro estaba destrozado, el estómago se me retorcía, las palmas de mis manos estaban sudorosas y tenía un sudor frío constante alrededor del cuello. Necesitaba a alguien, y ese alguien era y continuaba siendo Ralph. Mientras caminaba solo, de un lado a otro por el pasillo frente al quirofano, vi al neurocirujano entrar. Lo detuve y le dije que le había pedido a Dios que bendijera sus manos.

Poco después de que el cirujano comenzara, llamaron a mi padre de patología. Fui con él y dejé a Shannah en el piso de arriba con nuestra familia, amigos, empleados del hospital y demás personas. Seguí a mi padre al departamento de patología. Ahí, me encontré con el patólogo que estudiaría el tejido que le extraerían a Bella para determinar el tipo de tumor que era. Conocí también a otro patólogo al que llamaron, como un favor, para que también diera su opinión. Era asombroso ver tanta gente ponerse en contacto para ayudarnos en un momento de tanta desesperación, por la bondad de sus corazones.

Hasta este momento, muchos médicos, que eran amigos de nuestra familia, incluso la primera pediatra de Bella, nos tranquilizaban diciendo que el tumor se parecía a un linfoma en la resonancia magnética. Nos decían que si se iba a tener un cáncer pediátrico, el linfoma sería el mejor escenario, ya que la mayoría de los casos era altamente tratable con la medicina moderna de ahora. Tenía que ser un linfoma y todos apostaban a ello. Shannah y yo estábamos investigando acerca del linfoma en Internet, usando mi Blackberry. Ya estábamos investigando acerca de opciones de tratamiento, probabilidades de supervivencia y cosas similares. Leímos sobre muchos avances que se habían hecho en el tratamiento del linfoma. Nosotros también estábamos optimistas de que era un linfoma. ¿Pueden imaginarse deseando un linfoma? Qué situación terrible era. En momentos como estos, uno está dispuesto a negociar a cambio de algo que no sea lo peor.

Mientras los neurocirujanos cortaban pedazos del tumor de la columna de Bella, estos se iban entregando a la sala de resección, en donde mi padre y yo nos encontrábamos. De hecho, vi pedazos del tejido ensangrentado de Bella. Vi, con mis propios ojos, el cáncer que le había invadido el cuerpo y le había causado la parálisis. Los patólogos trabajaron rápidamente y fueron capaces de obtener lo que se llama una "sección congelada" o pequeña parte de tejido en una lámina para ver en un microscopio. El grupo en la sala, incluso el Director de Oncología, se trasladó a la sala de microscopio. Pusieron la lámina debajo del microscopio que tenía varios visores, también conocidos como tubos oculares, para que muchas personas pudieran observar la misma imagen al mismo tiempo. A este punto, el primer patólogo comenzó a analizar el tejido. Concluyó que el tumor se llamaba Tumor de células pequeñas, redondas y azules. Ciertamente, descartó el linfoma y pensó que era lo más parecido a un tumor llamado neuroblastoma. Continuó el segundo patólogo, hablando en voz alta mientras hacía sus observaciones. Llegó a la misma conclusión: creía que era un neuroblastoma. Enseguida pude darme cuenta por la reacción de todos en la sala que era peor de lo que habían esperado. Por cierto, no estaban tan optimistas como cuando creían que era un linfoma. Los seres humanos tienen comunicaciones no verbales muy fuertes que pueden producir mucho en momentos como estos. Sin embargo, recuerdo a la doctora Granado Villar voltearse hacia mí y decir: "Bueno, Raymond. Existen tres tipos de tumores de células redondas azules que podrían haberse dado; Rhabdomyosarcoma es el peor y, gracias a Dios, no es. El neuroblastoma no es bueno, pero es tratable, y Bella puede tener un trasplante de células madre en la médula ósea". De inmediato, enviaron el tejido automáticamente a un laboratorio de referencia para su confirmación y demás pruebas especializadas.

Regresé arriba adonde estaban Shannah y el resto del grupo. A medida que mi padre y yo caminábamos, decidimos no decir nada acerca de lo que había ocurrido recién en patología. Estábamos tan optimistas de que era un linfoma que queríamos esperar hasta tener la respuesta del laboratorio de referencia antes de hacer más especulaciones. Mientras estuve de pie junto a Shannah, no le dije dónde había estado ni tampoco qué había visto y oído. Permanecimos juntos parados en el pasillo, esperando a que el neurocirujano saliera de cirugía y nos diera un informe. Mientras estábamos ahí juntos, la primera pediatra de Bella, que había escuchado que se creía que el tumor era un neuroblastoma, se nos acercó, asumiendo que Shannah lo sabía. Con las mejores intenciones, nos tranquilizó diciendo que aunque las noticias no eran buenas, hoy el neuroblastoma podía tratarse y que ella había tenido dos pacientes con neuroblastoma quienes habían sido atendidos en el Centro de Cáncer Memorial Sloan Kettering en Nueva York y habían sobrevivido. Shannah estaba en shock y me preguntó si sabía de qué estaba hablando. Por supuesto que le dije la verdad acerca de lo que había ocurrido. Inmediatamente, ella comenzó a investigar sobre el neuroblastoma y se enteró de cuánto más devastador y agresivo era, en comparación con el linfoma. Las probabilidades de supervivencia eran menores, y los tratamientos mucho más invasivos y agresivos.

Finalmente, mi hermano Ralph llegó. El director del laboratorio del hospital lo había ido a buscar al aeropuerto como una atención a nuestra familia. Su llegada proporcionó, de inmediato, algo de consuelo para todos nosotros. Salió del ascensor y me dio un fuerte abrazo. Las noticias le habían golpeado fuerte, ya que nos ama y ama a nuestras hijas como si fueran suyas. Poco después, el neurocirujano salió de la sala de operaciones, luego de cuatro horas. Se dirigió a una gran parte de nuestra familia que ahora estaba en el pasillo. Dijo que había podido eliminar sólo una pequeña parte del tumor de la espalda, pero que había sido capaz de disminuir la presión en la médula espinal. Dijo que Bella estaba bien, pero que, desafortunadamente, dado que el tumor se encontraba en la médula espinal, alrededor de las vértebras y, para su decepción, entre los discos, estaba seguro de que ella no volvería a caminar.

Las noticias fueron extrañamente amargas. Si bien era devastador escuchar que estaba seguro de que Bella no volvería a caminar, estábamos contentos de que había salido de cirugía y estaba bien. Nuestro numeroso grupo permaneció con nosotros durante un tiempo prolongado y muchos trajeron comida y bebidas para todos mientras demostraban su apoyo. En un esfuerzo por permanecer optimista, comencé a decirles a todos que una vez que la cirugía terminara, las piernas de Bella volverían a moverse y que "¡ella se iría caminando de este hospital!". Mi sobrino mayor, Alex, también alentó mi optimismo, haciendo eco de mis sentimientos a todos. Nos informaron que Bella iba a quedarse en la Unidad de Cuidados Intensivos Pediátricos durante la noche, una vez que terminaran en la sala de operaciones. Shannah y yo decidimos que yo me quedaría con ella en la Unidad, ya que se permitía que sólo una persona estuviera con el paciente. No hay camas ni sillones reclinables para familiares en la Unidad, sólo sillas. Gracias a Dios que puedo funcionar con muy poco sueño.

Aquella noche en la Unidad fue la más larga de mi vida. Mi hija yacía ahí, inconsciente y paralizada. Su enfermera la evaluaba a cada hora, incluso pellizcaba sus dedos y les hacía cosquillas para ver si se movían. Desafortunadamente, eso no ocurría. Estaba desesperado, enojado. Quería ver que esas piernas se movieran. Cuando la enfermera no estaba mirando, yo pellizcaba su dedo pequeño tan fuerte como podía esperando que ella respondiera; pero no lo hacía. Si nunca ha pasado una noche en una Unidad de Cuidados Intensivos Pediátricos, puede considerarse bendecido. Es uno de los lugares más tristes que puede visitar. Ninguna de estas Unidades es placentera, pero no hay nada más perturbador que ver a los niños sufrir. Había niños de todas las edades. Algunos niños tenían unas pocas horas de haber nacido y otros estaban en la preadolescencia. Su común denominador era la aflicción y el sufrimiento.

Durante este tiempo en la Unidad es cuando el Señor comenzó a mostrarme las primeras de las muchas señales por venir. No se permite a nadie hablar por celular en la Unidad, ya que pueden interferir con el equipo; no obstante, mi Blackberry estaba recibiendo correos electrónicos. Comencé a recibir mensaje tras mensaje, de colegas, amigos y aquellos a quienes no conocía, que me decían que estaban conmigo en espíritu, que estaban rezando y que permaneciera fuerte. Mientras me encontraba solo con Bella, toda esa gente maravillosa se ponía en contacto conmigo de la única manera en la que podía. De hecho, estuvieron conmigo esa noche, más de lo que puedan llegar a imaginarse.

No dormí para nada en toda la noche, continué apretando los dedos de Bella, y, aproximadamente a las 06:00 AM, su neurocirujano vino a verla a la Unidad. Dijo que la veía bien y que la incisión estaba sanando bien. Me informó que, a menos que hubiera complicaciones, volvería a su habitación en el piso de Neurología más tarde ese día. Shannah y Ralph habían pasado la noche tratando de dormir un poco en la habitación del hospital, en el piso de Neurología, y vinieron a reemplazarme en la Unidad alrededor de las 7:00 AM. Me fui a casa, lloré y obtuve el descanso que tanto necesitaba. Había sido una noche larga, agotadora y difícil.

Alrededor del mediodía, Bella regresó a su habitación en el piso de Neurología, en donde podía recuperarse de la cirugía. Estuvo bajo los efectos de la morfina y entró y salió de un estado de conciencia durante todo el día y la noche. La cantidad de visitas fue tan increíble que el hospital asignó una oficina y una sala al final del pasillo en donde estaba la habitación de Bella como un lugar de encuentro para nosotros. La administración del hospital proveyó de comida a nuestra familia e invitados, por respeto a mi padre y a nuestra familia. Eran muy corteses. Nos sentíamos muy agradecidos por la atención especial y la cortesía que se nos demostraba. Todos estábamos al tanto de que esto no ocurre con pacientes comunes. La forma en que nos trataban era el resultado del amor, respeto y admiración en nombre de mi padre. Hasta el Director Ejecutivo del hospital vino personalmente a visitar a Bella en la Unidad, a quien Ralph y Shannah saludaron, ya que eran los que estaban de guardia en ese momento. El ánimo era triste, pero aquellos que nos visitaban hacían lo mejor para alegrarnos. Había tantas visitas que era abrumador. Finalmente, los enfermeros pusieron un cartel en la puerta que decía que no se admitían más visitas en la habitación y los dirigían a la oficina donde nuestra familia y las visitas podían ir. Esto fue un alivio, ya que ni Shannah, ni Bella ni yo teníamos energía para recibir a las visitas. La gente tenía buena intención, ¡pero simplemente era demasiado, demasiado pronto!

Dos días después, Bella tuvo lo que se llama una tomografía por emisión de positrones, que es una prueba en donde se inyecta un contraste en el cuerpo para ver si el cáncer se había extendido hacia otras zonas (si había metástasis). Los resultados fueron que, además de la columna, Bella tenía tumores en el lado derecho de la mandíbula, el hombro izquierdo, el lado izquierdo de la caja torácica y de la cadera, la rodilla izquierda, el pie derecho y la mano izquierda. ¡Estaba invadida! Su pequeño y precioso cuerpo había estado incubando estos tumores por Dios sabe cuánto tiempo.

Más tarde, supe que mi padre ya había tenido el diagnóstico oficial del laboratorio de referencia esa noche. Él ya había llamado a mi suegro, Myles, y le había contado las noticias devastadoras que Shannah y yo nos enteraríamos al día siguiente, el viernes. Ralph se las había arreglado para sonsacar esa información de mi padre y, bajo solemne juramento, prometió que no nos diría ni una sola palabra hasta la reunión con el oncólogo. Mi hermano se las había ingeniado para poner una buena cara de póker, porque, si bien Shannah sospechaba que él sabía algo, él se las rebuscó para hacerse el que no pasaba nada. Lo ocultó. Estoy seguro de que sufrió en silencio esa noche porque conocía la gravedad de la situación.

"Vale la pena el intento".

Alguien que haya experimentado insomnio ocasional sabe que la noche puede parecer un viaje interminable de vueltas en la cama. No importa cuántas ovejas uno cuente, no importa cuántas imágenes pacíficas uno se ponga en la mente; la noche se hace interminable hasta que los primeros rayos del sol comienzan a romper la oscuridad de la noche. La mañana del viernes 20 de julio de 2007, Shannah y yo nos reunimos con el doctor Enrique Escalon, el Director de Oncología del Hospital de Niños de Miami. Conocía a Enrique de, prácticamente, toda la vida. Él también tenía un profundo aprecio por mi padre y por nuestra familia, y estaba afectado por todo lo que estaba ocurriendo. Por cierto, se serenó e hizo lo mejor que pudo para darnos la noticia a Shannah y a mí de la mejor manera posible. Ambos habíamos decidido que, además de mi padre, necesitábamos que estuvieran Myles y Ralph presentes durante la reunión. Entonces, reunidos en la oficina privada, llegamos juntos para recibir ansiosamente las difíciles respuestas que habíamos esperado. Nos dijo que el laboratorio de referencia había confirmado que, desafortunadamente, el tumor de Bella no era neuroblastoma, sino Rhabdomyosarcoma. De los dos tipos existentes, se trataba del Rhabdomyosarcoma alveolar, que es el más agresivo de los dos. Nos informó que el diagnóstico oficial de Bella era fase 4, grupo 4. También nos dijo que esto, desafortunadamente, ponía a nuestra hija en el peor pronóstico posible. Ralph decía que era la segunda vez que la tierra se detenía. Con ello, él quiere decir que cuando las noticias impactantes e inesperadas se dan antes de tiempo, es casi como si el tiempo se detuviera y el planeta dejara de rotar sobre su eje. Todo alrededor de uno se detiene y comienza a volver en cámara lenta. Shannah y yo enfrentamos la realidad que teníamos delante; nuestra preciosa hija, que había estado corriendo y viviendo una vida aparentemente normal hacía diez días, ahora estaba paralizada y lo más probable era que falleciera. Antes de que nuestra reunión concluyera, Shannah se levantó, se fue de la reunión y caminó al pasillo del hospital. Lloraba copiosamente, y su padre fue por ella y la convenció de volver a la reunión. El doctor Escalon no nos dio un margen de tiempo en lo que respecta a cuánto viviría, pero simplemente dijo "no es bueno". La buena noticia era que había un protocolo de tratamiento experimental, pero muy agresivo para este tipo de tumor, y él sugirió que comenzáramos el tratamiento inmediatamente. Le preguntamos cuánto duraría el tratamiento. Dijo que serían 54 semanas de quimioterapia y radiación. Le consultamos si valía la pena hacerla atravesar el infierno de la quimio y la radiación; él dijo "vale la pena el intento". Nos quedamos sin palabras. ¿Cómo rayos podríamos lidiar con esto durante un año? La noticia era devastadora. Parecía como si nuestro mundo entero se hubiera desplomado encima de nosotros. Ahí estábamos, una pareja joven, teniendo que enfrentar una situación que parecía más allá de lo que estábamos preparados para manejar. ¡No se supone que estemos atravesando esto! Sólo somos gente joven y la muerte es para los ancianos, no para los jóvenes. Querido Dios, ¿por qué?, ay, ¿por qué nos has abandonado? *¿Por qué a mí?*

La reunión de consentimiento oficial terminó en aproximadamente una hora. El doctor Escalon nos informó que habría una serie de papeles que tenía que firmar y que a Bella la trasladarían del piso de Neurología al de Oncología para comenzar con la quimioterapia ese mismo día.

Salí de la sala sorprendido porque no estaba llorando, estaba calmado, y quería estar solo. En ese momento me di cuenta del panorama completo y acepté la idea de que Bella pronto moriría.

Llamé a mi amigo Andy. Él inmediatamente quería saber qué había dicho el doctor, ya que había estado esperando mis noticias ansiosamente. Me serené y le dije: "Las cosas son así, Bella está paralizada y se va a morir". Lloré, colgué el auricular y me sentí completamente solo.

Alrededor de media hora más tarde, mi jefe, Sheri Jepsen y dos de mis colegas, los mismos dos que me dejaron en el aeropuerto de Orlando, Shari Mitchell de Orlando y Cliff Jones de Nueva Orleans, llegaron al hospital. Cuando llegaron, yo estaba afuera del hospital con Bella en mi regazo, sentandome en la silla de ruedas. Shannah y yo pensamos que sería una buena idea dejar que Bella respirara aire fresco antes de comenzar el infierno al que estábamos apunto de embarcarnos. En muchas maneras, la llegada de mis colegas no podía haber sido en un peor momento. Después de todo, recién había tenido una de las reuniones más emocionalmente intensas de mi vida y ahora sentía que tenía que entretener a la visita. No estaba de humor para jugar al anfitrión. No tenía idea de que ellos serían los que prestarían los hombros que me darían apoyo y sobre los que iba a llorar momentos después. Nos siguieron hasta la nueva habitación de Bella y luego pasé un rato con ellos a solas. Nunca me había sentido tan impotente. Entre mis compañeros, siempre me esforzaba por parecer bajo control y siempre quise ser un líder fuerte; sin embargo, estaba llorando desconsoladamente mientras abrazaba a Sheri y a mis dos amigos. No había forma de que pudiera controlar mis emociones, así que dejé ir mi orgullo y sólo lloré y lloré. Fue lindo verlos a pesar de que sabía que ellos también se sentían impotentes. Desde ese entonces, ellos se convirtieron en tres de mis mejores amigos.

En cualquier momento de mi vida anterior a esto, si me hubieran preguntado si tenía una relación con Cristo, automáticamente hubiera dicho "¡Sí!". Después de todo, fui a una escuela primaria y secundaria católica. Recibí mi título de postgrado en Administración de Empresas en la Universidad Oral Roberts, una de las más grandes universidades cristianas en el mundo. Fui activo como pastor joven en mi adolescencia y estudié teología de adulto. A pesar de todo esto y mi supuesta fe, en ese momento en el que debería haberme volcado en Dios más que en cualquier otro momento, sentí como si no tuviera nada. Estaba destruido. Mientras intentaba no llorar en presencia de Shannah, lloraba en los pasillos, en la cafetería, en presencia de extraños y en la noche, estaba realmente perdido y en tinieblas.

Debido a que mi padre conoció el diagnóstico oficial de Bella antes que cualquiera de nosotros, él había estado buscando fervientemente expertos en Rhabdomyosarcoma en el país. Antes de que a Bella le dieran quimioterapia, el equipo de oncólogos en el Hospital de Niños de Miami planteó la hipótesis de romper el protocolo que requería primero quimioterapia y nada de radiación hasta la semana 20 para, quizás, darle radiación primero directamente a la médula y así liberarle las piernas de la parálisis. En su búsqueda, mi padre encontró al doctor Paul Meyers, un experto en sarcomas en el Centro de Cáncer Memorial Sloan Kettering en Nueva York, y lo había llamado el día anterior al diagnóstico oficial para hablar con él sobre Bella en términos generales.

Mientras el equipo del Hospital de Niños de Miami y el de radiaciones en la Universidad de Miami contemplaban la posibilidad de darle radiación en primer lugar, mi padre deseaba desesperadamente tener la opinión del doctor Meyers antes de hacer nada. Mientras esperábamos, el doctor Meyers de Nueva York llamó a mi padre a su celular. Mi padre comenzó a explicar el caso de Bella en términos generales y, de repente, para la sorpresa de mi padre, el doctor Meyers empezó a hablar en español. Contó que hablaba español porque su esposa era originariamente de una isla de la costa de Honduras, llamada Roatan. Sucede que uno de los estudiantes de mi padre, que quiere mucho a nuestra familia, vive y trabaja en Roatan. Era la doctora Jaclyn Wood. De hecho, uno de mis primeros proyectos cuando comencé mi carrera profesional fue equipar el Centro Médico de la doctora Wood con todo el equipo médico que tiene hoy en día. Mi padre le preguntó al doctor Meyers cuál era el apellido de soltera de su esposa, y él respondió: "Wood". Resultó que la esposa del doctor Meyer y la doctora Wood son primas. El doctor Meyer se sorprendió cuando mi padre le contó la relación que tenía nuestra familia con la doctora Wood y ofreció ayudarnos en cualquier forma que pudiera. Él le dijo a mi padre que no deberíamos darle radiación primero y que deberíamos definitivamente proceder con la quimioterapia según el protocolo.

Pocas horas más tarde, Bella comenzó su primera ronda de quimioterapia; fue terrible. Bella cambió de color varias veces frente a nuestros ojos. Sudaba copiosamente y estaba temblando. Me miró y me dijo en su pequeña voz: "¿Papi? ¿Papi?". Me asustó tanto que pensé que podía estar teniendo una reacción alérgica a la quimio. ¿Qué pasa si tiene un shock anafiláctico? Le grité a Ralph que fuera a la sala de enfermería ¡y que buscara ayuda inmediatamente! En unos segundos, había un ejército tanto de enfermeros como de médicos en la habitación ocupándose de Bella. Pueden imaginarse el trauma que Bella atravesó al ver este ejército de personas acercarse a ella. Resultó ser que no estaba teniendo ninguna reacción y que me estaba dejando llevar por mi imaginación. Fue horrible. Pensé para mis adentros: "No hay manera de que resista un año de esto. Por favor, Dios, ¿dónde estás? *¿Por qué yo?*".

El milagro comienza

Justo después de que Bella terminara su ronda de quimio, recibí un llamado telefónico que cambiaría mi vida. Salí al pasillo del hospital para atender el llamado de mi querido amigo Tim Downing, que había cursado conmigo en la Universidad Oral Roberts el postgrado de administración de empresas. Tim es más joven que yo y, si bien fuimos amigos en la facultad, pertenecíamos a mundos diferentes. Él era pastor suplente en una iglesia en su ciudad natal, Paul's Villey, Oklahoma. Es un hombre humilde, increíblemente brillante y bendecido, que también trabajaba en el desarrollo de bienes raíces. Él es alguien a quien respeto muchísimo. Tim estaba al tanto de lo que le ocurría a Bella y me formuló una simple pregunta: "¿Cómo estás?". Le dije: "Estoy decepcionado conmigo mismo. Sé que la única persona que puede salvar a Bella es Dios. Sé que se supone que deje todo en manos de Él y, sin embargo, no lo estoy haciendo. Estoy destruido, deprimido, lloro en público. ¡No sé qué hacer!". Fue entonces cuando me di cuenta de que Tim me iba a dar un "mensaje de sabiduría" (1 Corintios 12:8). Había escuchado a los teólogos de la Universidad Oral Roberts comentar acerca de este regalo del Espíritu Santo antes. La belleza de eso es que todos tenemos el regalo del "mensaje de sabiduría" y, muchas veces, cuando decimos el mensaje de sabiduría a alguien, no nos damos cuenta de que lo que estamos diciendo fue inspirado por Dios. El mensaje que damos a la persona es algo tan profundo que en el mismo momento en el que se dice, cambia la forma de pensar, sentir y, finalmente, de actuar de esa persona. En su acento sureño profundo, lento y reconfortante, Tim procedió a decirme las siguientes palabras, palabras que nunca olvidaré.

"Tu sabes, Raymond, Bella ha estado bajo ataque desde antes de nacer. Nació con esos ataques en la materia blanca del cerebro. Tuvo dificultad para aprender a caminar; sin embargo, lo superó. Tuvo dificultad para aprender a hablar; no obstante, ha estado mejorando formidablemente. Tuvo diferentes tipos de retrasos en el desarrollo y, aún así, progresó constantemente. Ahora bien, tal parece que la vida misma la ha desafiado. La pregunta que tienes que hacerte a ti mismo es qué cosas maravillosas y milagrosas ha planeado Dios para que Bella haga por otros para haber sido atacada desde antes de nacer. Lo que tienes que hacer para contrarrestar este ataque no es solamente rezar por tu hija, sino que debes formar un ejército de personas en plegarias, un ejército de quienes quizá han estado alejados de la fe, un ejército que quizá tiene diferentes creencias, un ejército que quizá nunca ha rezado, pues eso es lo que tienes que hacer para estar a la ofensiva de este ataque".

Cuando corté con Tim, me sentí diferente. Sentí que tenía que hacer algo y que no estaría más sintiendo pena de mí mismo. El Espíritu Santo me había hablado a través de Tim, y ahora el tiempo era para actuar. Sentí que Tim era uno de los muchos instrumentos que Dios estaba usando para traerme Su mensaje. Comencé a rezar fervientemente y a entregarme. En mi plegaria, sentí que Dios me inspiró a entender, como si hubiera dibujado una línea en la arena, que si creía en Él no habría más llanto, si creía en Él no habría más depresión. Iba a formar ese ejército de plegarias del que Tim me hablaba y a creer que ¡¡NO IBA A ENTERRAR A MI HIJA!! Esa noche no pude dormir. Continué pensando en la conversación con Tim y sus palabras atravesaron mi mente una y otra vez. El Señor me habló a través de Tim y había encendido algo grande dentro de mí. Yo estaba determinado a reclutar a este ejército de guerreros de plegarias.

El día siguiente, comencé a armar este ejército. Le pedí a todos, desde visitas, empleados del hospital y demás, que por favor rezaran por Bella. Llamé a Ralph Gazitua, el padre de mi amigo Andy, quien es diácono en nuestra iglesia para que viniera y rezara con nosotros. Ralph vino con su esposa Cookie; Andy, con su esposa Sara. Rezamos juntos, y él también nos trajo algunas palabras muy importantes y alentadoras. Nos dijo que era importante que todos los que rodeaban a Bella y entraban a su habitación pensaran positivamente. Nos dijo que no podíamos permitir ningún pensamiento negativo alrededor nuestro. Nos sugirió decirle al resto que no llorara delante de Bella y que se serenara antes de entrar a la habitación. Nos dijo que le dijéramos a la gente que Bella iba a caminar un día y que no iba a morir, y que si no lo creían, que no iba a permitírsele la entrada. Esto tocó e inspiró a Shannah verdaderamente. Hizo un cartel y lo pegó en la puerta de Bella. Decía: "¡Solamente pensamientos positivos!" en letras rojas grandes. Llevábamos y traíamos este cartel del hospital y también lo pegábamos en la puerta de entrada de nuestra casa.

Gracias a Dios, a Bella le fue muy bien en las siguientes rondas de quimio. Fue un alivio enorme verla aceptar la quimio tan bien, especialmente, por lo que yo había pensado que era una reacción a la primera dosis. Nunca vomitó, y su cuerpo se adaptó al veneno que se le daba cada día. Desafortunadamente, Bella tenía complicaciones constantes con su puerto de quimioterapia para hemodiálisis (catéter subcutáneo), una válvula de titanio quirúrgicamente implantada bajo su piel para administrarle quimioterapia, usualmente se "infiltraba". Esto significaba que la aguja de la vía intravenosa salía del puerto y se alojaba en su pecho. Esto causaba una gran hinchazón en su pecho y significaba que el tratamiento se postergaría y tendríamos que esperar hasta que la hinchazón bajara y, luego, reacceder al puerto con la aguja. Bella detestaba esto totalmente, ya que era doloroso y le daba miedo. ¿A qué niño o adulto, de hecho, le gustan las agujas? Bella estaba aterrorizada con todo lo relacionado con su puerto. Nuestros corazones se partían de verla tan asustada, pero sabíamos que tenía que hacerse. No obstante, todos perseveramos.

Después de dos semanas en el hospital, comenzando en el día en que quedó paralizada, terminamos la primera ronda completa de quimio y podíamos ir a casa. Esto implicaba que teníamos que hacer cambios drásticos en el estilo de vida que teníamos en casa antes de comenzar este viaje. Debido a que el sistema inmunológico de Bella estaba tan comprometido, tuvimos que extremar los cuidados para que no se enfermara. Esto significaba que teníamos que deshacernos de nuestras mascotas. Teníamos tres perros pequeños y dos loros en ese momento. Enseguida tuvimos que hacer los arreglos para darlos a amigos y familiares para que los cuidaran durante el próximo año. Bella amaba a sus mascotas y sabíamos que no entendería porqué se las estaban quitando de su lado. Nosotros también nos habíamos apegado a nuestras mascotas, y no fue fácil separarnos de ellas. Sin embargo, como adultos, podíamos entenderlo. Como Bella estaba paralizada, eso implicaba que pasaría mucho tiempo en el suelo. Teníamos un equipo de personas que venía y desinfectaba los pisos, sólo para estar seguros. También teníamos un desinfectante en cada rincón de la casa e insistíamos en que las visitas que recibíamos se quitaran los zapatos afuera. Teníamos una empresa de provisión médica que nos trajo la pequeña silla de ruedas de Bella y una cama eléctrica de hospital, la que pusimos al lado de nuestra cama. Rayna, quien ahora tenía dos años, también quería dormir con nosotros, y no era justo hacerla dormir en su habitación sola cuando Bella estaba con nosotros. En consecuencia, también trasladamos la cama de Rayna a nuestro dormitorio. Esto significó tener que reacomodar todos los muebles en el dormitorio principal, y la habitación parecía una gran cama. Aunque estos cambios eran radicales, y tener a Bella en una silla de ruedas era difícil, estábamos felices de estar en casa. Vivimos en un lago, y sucedió que un mes antes de que Bella padeciera la parálisis, hicimos que un camión de carga trajera una gran cantidad de arena para hacer una playa en la parte trasera de nuestra casa. Todos los hijos de nuestros vecinos venían a jugar allí. Lo que era muy difícil de ver era cómo Bella, que sólo tres semanas atrás podía caminar y jugar con sus amigos en la arena, ahora estaba inmóvil y en una silla de ruedas. Me hizo pensar en lo que un hermoso pájaro, confinado a una jaula, debe ver; no tener permitido volar libremente y disfrutar del espacioso cielo en la forma en la que lo hacía antes de su captura. Durante este tiempo, ella era tan linda. Por las noches, cuando el sol había bajado, llevábamos a Bella afuera en su silla de ruedas para que viera a sus amigos. Ella los saludaba y les decía: "Me resbalé". Tenía plena conciencia acerca de sus piernas. Las cubría con una frazada y no quería que nadie las viera.

Tan pronto como llegamos a casa, Shannah y yo nos pusimos manos a la obra respecto de esas creyentes palabras que Tim Downing me había dicho. Shannah, mi cuñada Kim y otros hicieron volantes con la foto de Bella, pidiendo nada más que plegarias. Shannah y yo distribuíamos estos volantes en cada lugar al que íbamos. Los llevamos a la escuela de la niña, que era el Centro de la Comunidad Judía en ese momento. Los llevamos a la iglesia, al supermercado, e incluso fuimos puerta por puerta. Al principio, mucha gente no los aceptaba o intentaba evitarnos porque pensaban que estábamos vendiendo algo. A pesar de ello, perseveramos. Todavía recuerdo a Shannah ir por nuestro vecindario, entrada la noche, golpeando las puertas de gente que no conocía, distribuyendo volantes. Constantemente estábamos armando ese ejército de plegarias sobre el que Tim me había hablado. La gente constantemente nos preguntaba: ¿qué puedo hacer por ustedes? ¿Hay alguna forma en la que pueda ayudarlos? Sabíamos que lo único que necesitábamos era un milagro. No necesitábamos comida, ni juguetes, ni libros para colorear, ni siquiera dinero. Necesitábamos un MILAGRO. Lo único que podían hacer para ayudarnos a alcanzarlo era rezar. Por la gracia de Dios, la gente respondió. Gente de todas denominaciones, religiones y estilos de vida accedieron a rezar. La gran condición que poníamos en nuestro pedido es que queríamos que ellos se comprometieran a pedirles a otros que rezaran por nosotros también. Todos aceptaron; fue asombroso. Por estos momentos, Ralph y Kim iniciaron un sitio web para Bella: www.PrayforBella.com Ahora con este sitio web personas de todas partes del mundo conocieron a Bella y comenzaron a rezar por ella. Fue sorprendente ver la cantidad de visitas que ingresaban a su sitio web y enviaban palabras de apoyo alentadoras.

Un pariente arregló para que Heraldos del Evangelio, que es un ministerio católico local, trajera una estatua de Nuestra Señora de Fátima, la Virgen María, para que visitara nuestra casa. Teníamos un pequeño grupo de familiares, amigos y vecinos que se nos unían a rezar el rosario todos juntos. Shannah, que era judía, aprendió a rezar el rosario y los del Heraldos del Evangelio nos dejaron una foto muy bonita de la Virgen María, que pusimos en nuestro dormitorio.

Un día recibimos una caja en el correo. Dentro de ella estaba la estatua de San Peregrino, que era un sacerdote italiano que vivió en el siglo XVII y se había curado de cáncer milagrosamente. Él es el santo Patrono de los pacientes con cáncer en la Iglesia Católica. Junto con la estatua, había una hermosa carta de una colega del trabajo, que explicaba que esta estatua era un regalo de una amiga de su tía, quien estaba batallando el cáncer de mama. Había escuchado sobre el caso de Bella y sintió que una niña merecía tener esta estatua de San Peregrino más que ella. Estábamos abrumados de que personas que ni siquiera nos conocían estuvieran rezando por nosotros y contactándonos. Pusimos la pequeña estatua en nuestro dormitorio, donde todavía permanece.

Bella continuó con su protocolo de tratamiento de 54 semanas de quimioterapia todas las semanas. Algunas semanas tenía que permanecer cinco noches en el hospital, a veces, dos noches, y otras, recibía quimio en la clínica ambulatoria. Kim volaba o conducía desde Orlando a Miami para estar con Bella cada vez que tenía que permanecer en el hospital durante la noche, para que nosotros pudiéramos ir a casa y dormir con Rayna. Hizo esto durante 13 meses. Fue un ángel de Dios. Kim, que es nuestra pariente política, ha hecho más por Bella que muchos de los que tienen nuestra misma sangre. Muchas personas no entienden porqué y cómo Kim dio tanto de ella por esta causa. Por supuesto, si uno realmente conoce a Kim, no es sorpresa. Ella es una persona maravillosa y amorosa, que hace todos los intentos por ver a través de los ojos de Dios.

Si bien el protocolo de tratamiento de Bella requería que la radiación comenzara en la semana 20, el equipo de oncología del Hospital de Niños de Miami tenía una teoría de que si quizá se diera radiación a su columna en la semana 7, el gran tumor alrededor de la médula espinal podría reducirse más rápidamente y, a lo mejor, podría proporcionarle a ésta la capacidad de curarse. Nos informaron que el Hospital de Niños de Miami no ofrecía radiación; no obstante, todos los casos se derivaban al hospital afiliado con la Universidad de Miami. Éste era el hospital del municipio de Miami, y la mejor manera en la que lo puedo describir es que es muy concurrido. El tránsito en el área está congestionado. No está tan cerca de nuestra casa y tiene un volumen tremendo de gente entrando y saliendo. Sin embargo, fuimos a nuestra consulta de radiación en la semana 4 del protocolo de Bella.

En nuestra consulta, para la que tuvimos que esperar tres horas para ser atendidos incluso teniendo cita, los oncólogos de radiación nos informaron que su plan era darle a Bella radiación convencional durante 5 semanas en toda la columna. Ella tendría que estar anestesiada, entubada y asistida por respirador mecánico todos los días. Era más que probable que sufriera efectos colaterales graves, lo que incluía quemaduras en la piel y desfiguración de la columna. Asimismo, sus cuerdas vocales se verían gravemente afectadas. Pensé para mis adentros: "¿Cómo puedo, como padre, permitir que le hagan esto a Bella?". Recién había comenzado a hablar con todos sus retrasos del habla ¿y ahora esto?". Mientras los médicos nos explicaban esto, Shannah y yo estábamos incrédulos. Le pregunté si alguna vez habían entubado a un niño por tanto tiempo. Dijeron que lo habían hecho solamente una vez antes. Sentíamos que estábamos atrapados entre la espada y la pared. Parecía que si no la mataba el cáncer, lo haría el protocolo de tratamiento. El sólo pensar que tenía que atravesar este proceso TODOS LOS DÍAS durante 5 semanas seguidas parecía extraño. Como se pueden imaginar, dejamos la consulta cansados, asustados, frustrados y con la determinación de que debía haber otra forma. Mientras discutíamos nuestras preocupaciones con el equipo del Hospital de Niños de Miami, ellos explicaron las razones para romper el protocolo y usar la radiación en forma temprana. Estaban determinados en lo que respectaba a su lógica de romper el protocolo y usar radiación en su columna en la semana 7. Eventualmente, Shannah y yo aceptamos el hecho de que el espantoso tratamiento diseñado por la Universidad de Miami podía volverse una realidad. Cada día que pasaba nos encontrábamos con lo desconocido, enfrentábamos lo incierto. Estos tratamientos no son garantías; sólo son protocolos. Entonces, ¿me piden que haga experimentar a mi pequeña todo esto y hay una posibilidad de que este problema no pueda resolverse? Dios, ¿por qué a mí?

El protocolo de Bella requería su primera evaluación, que consistía en una resonancia magnética de la columna y una tomografía por emisión de positrones, desde el comienzo del tratamiento en la semana 6. Shannah y yo rezamos para que la evaluación, cuando fuera realizada, mostrara una mejora para que ese loco plan de radiación, como lo llamábamos, fuera pospuesto o modificado, o no fuera necesario para nada.

La semana 4 del tratamiento de Bella fue más o menos normal. Ella estaba internada durante cinco noches para recibir quimio y, para ese entonces, ya nos habíamos acostumbrado a vivir dentro y fuera del hospital. Kim siempre estaba con Bella para ayudarla en todo lo posible. Bella toleraba bien la quimio y los únicos problemas que continuaban eran los relacionados con su puerto. El domingo de esa semana, Bella iba a completar las cinco noches de tratamiento y estábamos planeando irnos a casa por la mañana. Sin embargo, una vez más, el puerto se infiltró y, debido a la demora y el proceso que mencioné con anterioridad, no nos dejaron ir hasta alrededor de las 7:30 PM. Al momento de irnos, el examen de sangre de Bella mostraba que la hemoglobina era 8 (la normal está entre 10 y 13) y que el recuento de glóbulos blancos era 1,9 o 1900 (el normal está por encima de 5000). Se le programó a Bella otra ronda de quimio (semana 5) para el martes de esta semana entrante. Como faltaba menos de un período completo de 48 horas, el doctor nos informó que era imposible que el recuento sanguíneo se normalizara en tan poco tiempo. Nos dijo que el recuento de Bella podría disminuir aún más debido a la quimio que recién había recibido y que, más que tener quimio el martes, lo más probable era que iba a necesitar una transfusión de sangre. Estábamos muy desilusionados porque queríamos terminar con la última ronda de quimio. Antes de la primera evaluación estábamos muy ansiosos esperando la semana 6. Nuevamente, la importancia de esta evaluación era que esperábamos que el tratamiento que había recibido hasta el momento mostrara buenos resultados y que el loco plan de radiación no fuera necesario. No obstante, con o sin la quimio e independientemente de lo que la evaluación mostrara, el equipo médico de Bella estaba preparado para comenzar la radiación en la semana 7.

Llegamos a casa agotados e inmediatamente nos fuimos a dormir. Es aquí cuando los hechos más sorprendentes que experimenté en mi vida comenzaron a ocurrir, y un verdadero milagro empezó a desarrollarse frente a nuestros ojos.

"Mami Iglesia"

Esa noche, el domingo 12 de agosto de 2007, alrededor de las 11:30 p.m., Bella se despertó en la oscuridad y le dijo a Shannah en un tono de voz relativamente alto, "Mami, la iglesia me sostiene, la iglesia me cuida". Shannah le masculló medio dormida: "Qué lindo, Bella, ¿quién te dijo eso?". Bella respondió: "Ella". En ese momento, Shannah notó que nuestra hija estaba totalmente despierta y encendió la luz de al lado de la cama. Le preguntó de nuevo: "Bella, ¿quién te dijo eso?". Inmediatamente, Bella apuntó sin dudarlo a la foto de la Virgen María que teníamos en el dormitorio, que nos había dado Heralds of the Gospel en su anterior visita a nuestra casa. Shannah salió de la cama, trajo la foto más cerca de Bella y le dijo: "¿Ella te dijo eso?". Bella respondió: "Sí". En ese momento, Bella le pidió en un tono y con un vocabulario que no era propio de ella que, por favor, le diera esas dos pequeñas estatuillas que se encontraban en nuestra cómoda. Una de ellas era una pequeña figura de porcelana de la Virgen María, que nos la había dado alguien en el hospital en los primeros días en los que a Bella le habían hecho el diagnóstico; la otra era la estatua de San Peregrino. Bella comenzó a jugar con estas figuras. Ella tomó a María y puso su cara en la pierna de Peregrino e hizo el ruido de un beso con sus labios. Luego, se volteó hacia Shannah y dijo en la voz más clara en la que habíamos escuchado hablar a Bella: "Mami, se fueron las heridas". Luego, le devolvió las figuras a Shannah e, inmediatamente, se fue a dormir. Shannah apagó la luz y nos quedamos en shock. Un momento después, Bella se despertó de nuevo y, se volteó hacia Shannah y le dijo otra vez y en un tono y con un vocabulario que no eran propio de ella: "Mami, todavía no se han ido las heridas, pero lo harán muy pronto". Luego, las piernas de Bella que estaban absolutamente paralizadas, de repente patearon a Shannah y anunció: "Mami, ¡lo hice!". Después, se volvió a quedar dormida. Shannah y yo estábamos acostados ahí incrédulos de lo que habíamos presenciado. Shannah sola y en la oscuridad comenzó a rezar el rosario en silencio. Bella se despertó, por tercera vez, y arrebató el rosario de la mano de Shannah en forma agresiva y dijo: "Mami, es de ella".

No sé cómo Shannah y yo nos quedamos dormidos más tarde. Estábamos en shock y no muy seguros de lo que había acontecido en nuestro dormitorio. ¿Todo esto era un sueño? ¿Podía Bella haber estado soñando y hablando mientras dormía? No obstante, el tono de su voz era distinto al que habíamos escuchado antes. Su vocabulario parecía muy avanzado para ella. Por la mañana, Bella comenzó a explayarse sobre alguien llamado "Mami Iglesia". Dijo que Mami Iglesia estaba vestida de rojo y tenía un bebé. Dijo que iba a ayudarla a caminar de nuevo y que ella la llevaba a cuestas. Shannah y yo continuamos hablando con los muchos familiares y amigos que nos llamaban a diario para saber cómo estábamos, pero no le dijimos a nadie lo que estaba ocurriendo con Bella porque no queríamos que pensaran que nos habíamos vuelto locos. Les aseguro que nadie le había enseñado a Bella nada acerca de la Virgen María o algo sobre lo que ella había hablado. Shannah era judía. Bella y Rayna habían estado asistiendo al Centro Comunitario Judío, por lo tanto, eso no lo enseñaban ahí y yo había estado alejado de la práctica de la fe por bastante tiempo. No teníamos fotos de María o Jesús en nuestra casa hasta ese momento. Además, Bella estaba hablando claro, con coherencia y en un tono y con un vocabulario diferente al de siempre. Ésta niña que había estado en terapia del habla y no podía hablar con oraciones completas. ¿Cómo era posible que nos hablara en la forma que lo hizo? Todo era un misterio, pero con el tiempo sería revelado.

Como soy católico, le expliqué a Shannah, después de que Bella mencionara repetidamente a "Mami Iglesia", que los católicos creen que la Virgen María es Mami Iglesia y que ha aparecido en la tierra en diferentes lugares a lo largo de la historia del tiempo. Le propuse que le mostráramos a Bella algunas fotos de diferentes apariciones de María y que viéramos cómo reaccionaba. Imprimí de Internet una foto de Nuestra Señora de Lourdes, Nuestra Señora de la Caridad, Nuestra Señora de Fátima y Nuestra Señora de Guadalupe. Bella continuaba insistiendo que Mami Iglesiatenía un bebé. Tan pronto como le mostramos a Bella la imagen de Nuestra Señora de Guadalupe, inmediatamente identificó al ángel como el bebé en la parte inferior de la imagen, debajo de los pies de Nuestra Señora a quien claramente identificó como "Mami Iglesia". En nuestro asombro, investigué más acerca de Nuestra Señora de Guadalupe en Internet. Me enteré de que su festividad es el 12 de diciembre. No podíamos creerlo. ¡Bella nacio el 12 de diciembre!

Descubrimos que en el año 1531 una "Señora del Cielo" se apareció ante un humilde indio americano en Tepeyac, una colina al noroeste de lo que hoy es la Ciudad de México. Se presentó como Santa María Siempre Virgen, Madre del Verdadero Dios por el que vivimos, el Creador de todas las cosas, el Señor del cielo y de la tierra. Le pidió que se construyera una iglesia en ese sitio y presentó su deseo al obispo de la zona a través del indio Juan Diego. Cuando el obispo dudó y le pidió a ella una señal, la Madre de Dios obedeció sin demorar ni preguntar y envió a su mensajero nativo a la cima de la colina a mediados de diciembre para juntar una variedad de rosas para el obispo. Luego de cumplir con el pedido del obispo de una señal, también nos dejó una imagen de ella impresa milagrosamente en la *tilma* del nativo, una prenda de tela de cacto de baja calidad, que debería haberse deteriorado en 20 años, pero que no muestra ningún signo de deterioro después de 476 años y todavía desafía todas las explicaciones científicas de su origen.

Se le atribuye a su intercesión una lista increíble de milagros, curas e intervenciones. Anualmente, entre 18 y 20 millones de peregrinos visitan la Basílica de Guadalupe en la Ciudad de México, haciendo de ella el santuario más visitado de los cristianos.

Una copia en blanco y negro de la imagen original de Nuestra Señora de Guadalupe que había sido impresa milagrosamente en la tilma de Juan Diego en 1531.

Bella continuó refiriéndose a María como "Mami Iglesia" y repetía frecuentemente que "Mami Iglesia" iba a ayudarla a caminar de nuevo pronto. La noche siguiente, el lunes 13 de agosto de 2007, alrededor de las 11 de la noche, mientras dormía, Bella se despertó y gritó: "No, ¡quiero dormir con María!" y se volvió a dormir inmediatamente. El martes 14 de agosto de 2007, llevamos a Bella a su turno programado en la clínica de oncología. Cuando entramos en el consultorio, la enfermera nos saludó y mencionó las notas de alta de Bella que estaban en su registro. Nos dijo mientras lo leía: "Ah, sí. A ustedes se les programó quimio, pero en vez de ello van a tener una transfusión sanguínea". Respondí: "Ella no ha tenido un hemograma completo todavía. Creo que sabremos lo que pasará después de hacerlo". Ella accedió y Bella fue a flebotomía, en donde le extrajeron la sangre para el hemograma. Mientras esperábamos al médico en la sala de exámenes, mi tía Josefina, a quien se la conoce cariñosamente como "Fifi", que trabaja en el laboratorio del hospital, nos trajo los resultados antes de que el médico los hubiera recibido. Para el asombro de todos, su hemoglobina había aumentado a 10 (9.9) y su recuento de glóbulos blancos se había elevado a 12,700 (12.7) El médico entró poco después, sorprendido de ver esos recuentos altos. No lo podía creer. No obstante, Bella no necesitaba una transfusión y era apta para tener quimio, ¡lo que ocurrió! Esa tarde, hablé con mi padre a quien mi tía ya le había comunicado los resultados del laboratorio. Él tampoco podía creer cómo su hemoglobina y recuento de glóbulos blancos aumentaron en un período tan corto y luego de la quimio. Fue entonces que me sentí cómodo contándole sobre los hechos increíbles que habían tenido lugar en nuestra casa con Bella y " Mami Iglesia". Él estaba sorprendido, pero, por la fe, creía en lo que le estaba diciendo.

Esa tarde, Bella le dijo a su primo de 19 años, Christian: "Mami Iglesia me ayudará a caminar pronto". También le dijo: "Vi al ángel caminar a través de la pared". Christian le preguntó en dónde había ocurrido eso. Bella respondió: "En el hospital". Christian le preguntó si el ángel tenía alas y Bella respondió: "no". Durante la noche, mientras estaba dormida, Bella se despertó y gritó: "Gracias, Jesús, ¡ayúdame a caminar de nuevo!". El miércoles 15 de agosto de 2007, en el estacionamiento del Hospital de Niños de Miami, alrededor de las 10:30 de la mañana, Bella parecía extraña de nuevo. Se puso muy seria, me miró a los ojos y me dijo "Mami Iglesiame va a ayudar a caminar muy pronto". Me di cuenta de que cada vez que Bella iba a decir algo profundo sobre su mejora, dejaba de hacer lo que estaba haciendo. De repente, se quedaba quieta y se ponía sería, y entonces hablaba.

Esa noche, el 15 de agosto de 2007, Shannah y yo asistimos a la misa en St. John Neumann, donde fui al colegio e iba a misa en forma periódica. Durante aquellos días, rezábamos con todos y asistíamos a los servicios religiosos en cualquier lugar. Escuchamos que iba a haber una misa aquella noche en nuestra iglesia y planeábamos ir. Nos pareció extraño que hubiera misa un miércoles por la noche, pero no formulamos preguntas y asistimos. Inmediatamente, nos dimos cuenta ni bien había comenzado que era la Festividad de la Asunción de María. Durante la homilía de Monseñor Pablo Navarro, Shannah dijo que tuvo una visión de la Santisima Madre llevando a Bella y presentándosela a Cristo. Shannah dijo que Jesús la miró y dijo: "La salvaré, pero debes servirme". Tan pronto como la misa terminó, Shannah me contó sobre su visión y me dijo que quería convertirse al catolicismo. A esta altura, sabía que tenía que decirle a alguien en la iglesia lo que estábamos atravesando. Después de la misa, me acerqué a Monseñor Navarro. Estábamos asustados. Sabía quién era él, pero sabía que él no tenía idea de quiénes éramos nosotros; no teníamos relación con la iglesia. Ignorando a la cantidad de gente que quería saludar a Monseñor Navarro después de la misa, nos adelantamos en la cola e interrumpimos. Me dije a mí mismo: "Tengo que decirle a este hombre lo que ha estado ocurriendo. Él podrá pensar que estoy loco, pero tengo que decirle a alguien de la iglesia lo que ha estado sucediendo en nuestra casa con Bella". Nos presentamos y le dijimos que éramos los padres de Bella. Antes de que pudiéramos dar más detalles sobre ella, nos dijo que sabía quién era y que la secretaría de la iglesia había recibido un volante con su foto y que estaban rezando por ella. Le expliqué brevemente lo que había estado sucediendo en nuestra casa con Bella y "Mami Iglesia". Monseñor Navarro miró profundamente en mis ojos y me dijo: "¿estaría dispuesto a una visita mía a su casa algún día?". Le dije: "Por supuesto". Me pidió que escribiera mi número de celular y mi dirección en un pedazo de papel. Partimos y no estaba seguro si el Monseñor me había creído o no. Para nuestra grata sorpresa, a las 9 de la noche, Monseñor Navarro me llamó y me preguntó si su visita sería apropiada en ese momento. Le dije: "¡Sí!". Simplemente, estaba maravillado por su pronta respuesta. Más tarde, me enteraría del hombre tan ocupado que es y del honor que representaba para nosotros su visita en forma tan repentina.

Fue un placer tener a Monseñor en nuestra casa. Le mostramos dónde todo había estado ocurriendo en nuestra casa, y nos juntó para rezar alrededor de Bella. Puso sus manos sobre ella. Fue una visita muy especial. De ese día en adelante, nos llamó todas las semanas para saber cómo estaba Bella.

La noche siguiente, mientras dormía, Bella se despertó y gritó: "¡Te amo, Jesús, gracias!" y se quedó dormida de nuevo inmediatamente. El día siguiente, el viernes 17 de agosto de 2007, Bella le dijo a su primo Christian de 19 años, de nuevo en una voz que no era típica de ella: "Mami Iglesia es mi mami y ella me ayuda". Antes de ir a dormir, ese viernes a las 9:35 p.m., nos dijo muy claramente: "Cuando ellos tomen las fotos, todas las heridas se habrán ido". Si bien no comprendíamos lo que estaba ocurriendo con Bella del todo, podíamos sentir la presencia de Dios cada vez que Bella tenía un episodio. Nuestra fe iba aumentando respecto de que Bella iba a curarse y que Dios tenía y tiene un plan muy especial para ella. Les dijimos a algunos familiares cercanos lo que estaba ocurriendo, pero todavía estábamos reacios a decirles a otros porque, como mencioné antes, desafortunadamente, cuando uno vive lo que nosotros estábamos viviendo en ese momento, muchos pierden la cabeza.

Cuando a Bella le diagnosticaron cáncer, recibimos como regalo una reliquia del beato Francisco Javier Seelos, de una mujer que había sobrevivido al cáncer tres veces y que era amiga de Ralph y Kim. Con frecuencia, poníamos esta reliquia en la columna de Bella, sobre la cicatriz de la cirugía de médula. Alrededor de las 3 de la mañana, Bella comenzó a irradiar una enorme cantidad de calor. Como estaba durmiendo entre Shannah y yo, los dos nos despertamos por la alta temperatura que estábamos sintiendo. Todos sus médicos nos habían advertido que si Bella tenía fiebre en cualquier momento, teníamos que ir enseguida a la Sala de Emergencias. Con miedo de que Bella tuviera fiebre, le tomamos la temperatura. Increíblemente, su temperatura era normal. Nos dimos cuenta de que el epicentro del calor estaba en donde permanecía la reliquia, en su espalda. Nos mantuvimos despiertos por varias horas para tomarle la temperatura. Cada vez que la tomábamos, era normal, a 98 grados. ¿Cómo podía generarse tanto calor en un cuerpo pequeño y no haber registros de fiebre en el termómetro? No parecía posible, pero se confirmaría que ¡con Dios todo es posible!

El lunes 20 de agosto, estábamos ansiosos por que Bella tuviera la resonancia magnética de su columna, al día siguiente, en la semana 6 del protocolo. Tenía este sentimiento de que nuevamente quería juntar gente en la oración, especialmente, la noche anterior al examen. En principio, tuve la idea de juntar tanta gente como fuera posible en nuestra casa para rezar. Más tarde, una idea vino a mi mente, sin ninguna duda, inspirada por el Espíritu Santo. En mi campo de trabajo, las teleconferencias con cientos de personas eran comunes. Pensé: "Sólo podemos tener un pequeño grupo de oración en nuestra casa por el examen mañana; gente de todas partes está rezando por ella". Tuve la idea de organizar una teleconferencia, para que cientos de personas pudieran rezar juntas al mismo tiempo. Le dije a Shannah, Ralph y Kim acerca de la idea y se pusieron en contacto con el Padre Gregory Parkes, que era un amigo querido de Ralph y de Kim y es el pastor de la parroquia Corpus Christi y el Canciller de la diócesis de Orlando. Padre Gregory accedió a dirigir la conferencia y Shannah y yo comenzamos a hacer correr la voz de que habría una teleconferencia de oración por el examen de Bella al día siguiente. Esa noche recibimos más de 150 llamados y más de 200 personas rezaban al mismo tiempo mientras Padre Gregory dirigía la conferencia, leyendo la Sagrada Escritura, dirigiendo a todos en las oraciones como una comunidad de la fe. Antes de esta llamada y después de que yo volviera a la fe gracias a mi amigo Tim Downing, yo no había llorado. Sin embargo, escuchar que tanta gente ingresaba para asistir a esta conferencia por mi hija y mi familia me abrumó con emoción y humildad. Mientras la conferencia seguía, yo estaba de rodillas con lágrimas en los ojos en nuestro comedor. Había personas de todas partes de los Estados Unidos en la conferencia y algunos de Puerto Rico y Sudamérica. Era increíble ver tanta gente unirse en la fe y rezar por Bella y nuestra familia. También había muchas personas de diferentes creencias y de casi todas las denominaciones del cristianismo. Creyentes y no creyentes estaban en las mismas líneas telefónicas escuchando la Sagrada Escritura y pidiéndole a Dios que cure a Bella. Todos estaban rezando al mismo tiempo e irrumpían los cielos con plegarias.

Antes de la llamada esa tarde, hablé con un miembro del equipo de oncología del Hospital de Niños de Miami. Le conté lo emocionado que estaba respecto de la primera evaluación de Bella desde el comienzo del tratamiento. Para mi desilusión, me dijo que no creía que deberíamos hacerle la prueba. Me dijo que sólo habían transcurrido cinco semanas de tratamiento y que Bella tenía que estar anestesiada para la prueba. Dijo que era muy pronto y que probablemente deberíamos esperar a tener un estudio. Le dije que estaba optimista respecto de los resultados del estudio. Le dije que quería ver que el tratamiento que Bella había tenido hasta ahora había sido tan efectivo que el "plan de radiación loco" que estaba programado para la semana siguiente sería pospuesto. Estaba esperanzado de que vería resultados grandiosos. Me miró con tristeza en los ojos y me dijo: "Raymond, me alegra que estés tan optimista; sabes que te quiero. Entiende que ésta es una fase 4 de Rhabdomyosarcoma. Se ha desplegado en todo el cuerpo de Bella y ha estado creciendo y viviendo muy cómodamente. Si vemos que el cáncer no se ha desplegado durante las 5 semanas pasadas, puedes considerarlo una victoria". También me dijo: "Recuerda Raymond que esto no es culpa de nadie. Si esto no funciona y ella muere, no es tu culpa". Insistí con el estudio y ella accedió a mis deseos. Me fui un poco desalentado de la reunión. Dado que Bella estaba soportando muy bien el tratamiento hasta ese momento, casi sin efectos colaterales, más allá de la pérdida de cabello, era difícil para mí escuchar cómo los médicos creían completamente que casi nada, de haber algo, podía detener el cáncer que estaba creciendo dentro de ella. Me di cuenta de que los médicos deben informar acerca de los hechos y muchos carecen de delicadeza para dar noticias difíciles. Sin embargo, lo que había estado observando en mi hija me había puesto optimista.

El martes 21 de agosto, se realizó una resonancia magnética de la columna de Bella para determinar los efectos del tratamiento del tumor. Era el día más tenso que alguien pueda imaginar para toda la familia, especialmente para Shannah y para mí. Mientras aguardábamos los resultados en una sala del piso de oncología unos treinta minutos después del examen, nunca olvidaré a mi padre que venía con los ojos llenos de lágrimas exclamando: "El tumor se redujo casi un 90%, ¡es increíble!" Nos abrazamos alabando a Dios y agradeciendo a "Mami Iglesiapor sus plegarias". Ninguno de los médicos se podía explicar este maravilloso resultado. Recuerdo que recibí justo en ese momento un llamado de mi jefa, Sheri Jepsen. Le conté la novedad. Lloraba de felicidad y ella también. Fue un momento increíble. 90% en tan poco tiempo era sorprendente. Estábamos íntegramente motivados y reforzaba nuestra fe aún más al ver el progreso que se había producido. Salimos del hospital a altas horas de la tarde y fuimos a casa a descansar y a pasar la noche. Estábamos tan felices de compartir esta maravillosa novedad en el sitio web de Bella y con toda nuestra familia, amigos y el ejército de oración de Bella.

El jueves 23 de agosto de 2007, Bella se le iba a realizar una tomografía por emisión de positrones a Bella para determinar los efectos del tratamiento de toda la metástasis (hombro, mandíbula, costilla, cadera, rodilla, pie y mano). Mi padre y yo la acompañamos cuando le aplicaron la anestesia alrededor de las 7 a.m. Una vez que ingresó en el tomógrafo fuimos a la sala de médicos a desayunar. Allí me encontré al Dr. Escalon, jefe de oncología quien me advirtió "Raymond, los resultados de la resonancia magnética del martes fueron increíbles, sin embargo, quiero que sepas que toda la metástasis de Bella está alojada en los huesos, este tipo de metástasis responde aun más lentamente a la quimio, por lo que no esperamos ver ningún cambio hoy, dado que hace poco comenzó el tratamiento".

Le respondí que entendía y con mi padre terminamos de desayunar. Fuimos a la sala de espera del hospital y Shannah que había dormido en casa con Rayna se reunió con nosotros poco después.

Mientras esperábamos, Shannah y yo rezábamos el Santo Rosario por separado. Mi padre también oraba por su cuenta. Cuando estaba rezando el rosario, algo extraordinario sucedió. Sentí algo que no había sentido antes en mi vida y nunca más volví a sentir. Era una presión incómoda en la nuca y los hombros. Empecé a oír una voz que se tornaba más y más fuerte, "Buscarán y no encontrarán. Buscarán y no encontrarán". Había sentido que Dios me guiaba antes en mi vida para hacer ciertas cosas y evitar otras, pero esto era distinto. De verdad <u>oía</u> una voz. Era tan real y nítida para mí en aquel momento, como lo es para ustedes leer estas líneas. Sabía que no estaba enloqueciendo por los hechos que venían sucediendo en nuestra casa con Bella, y respondí: "Nuestra Señora de Guadalupe, si es así, voy a ir a la ciudad de México donde está tu Basílica y te agradeceré personalmente la próxima semana".

Dos horas más tarde, los radiólogos le habían dado los resultados a mi padre que venía con una gran sonrisa en el rostro gritando: "¡Desapareció, el cáncer desapareció! Desapareció de todos los lugares, excepto el tumor que se redujo notablemente en la columna. No está visible en la tomografía, ¡no lo pueden encontrar!" <u>Lo imposible se hacía realidad</u>. No se visualizaba la metástasis en la tomografía y después de la resonancia que se había hecho el martes, el tumor principal de la columna se había reducido un 94% realmente. Esto significaba que Bella estaba respondiendo increíblemente bien al tratamiento y que se escuchaban nuestras plegarias y todos estaban siendo testigos de un milagro. También significaba que el "loco esquema de radiación" se cancelaba y que seguiríamos con el protocolo de la quimio. ¡ALABADO SEA DIOS! ¡GRACIAS JESÚS!

Cuando salíamos del hospital, empleados de distintos departamentos nos venían a felicitar. Algunos gritando: "¡Aleluya!" por los pasillos. Fue una sensación increíble. Sentíamos que había luz al final del oscuro túnel. Fuimos en auto directamente a la Iglesia Católica St. John Neumann que ahora era la parroquia que nos correspondía por nuestro domicilio. Fuimos con las ventanillas bajas, alabando al Señor y gritando de alegría. Esperábamos compartir las nuevas buenas y asombrosas con otros, en especial con Monseñor Navarro. Cuando llegamos, rezamos con dos sacerdotes de la parroquia, P. Kiddy y P. Carmelo y los administrativos de la iglesia. Monseñor Navarro estaba en su casa que quedaba cerca de la iglesia. Nos desagradaba visitarlo sin habernos anunciado, pero necesitábamos verlo. Cuando llegamos nos recibió y estaba muy feliz. No voy a olvidar lo que me dijo. Exclamé: "Monseñor, ¡es un milagro! ¡No pueden encontrar el cáncer!" Me respondió siempre calmo y seguro "Raymond, para eso rezamos, un milagro, ¿por qué te sorprendes?" Qué asombroso ejemplo de fe fue Monseñor Navarro para mí y nuestra familia.

Esa noche, después de que las chicas se acostaron, le conté a Shannah lo que me había pasado cuando estaba rezando en el hospital. Le conté de la voz que había escuchado y la promesa que había hecho. Le dije que tenía que reservar un vuelo para ir a México a visitar la Basílica de nuestra Señora de Guadalupe la semana siguiente. Shannah entendió y aunque lo último que quería era que viajara fuera del país en ese momento, me apoyó. Bella pasó los días siguientes sin tratamiento, continuaríamos con la fisioterapia y la terapia ocupacional en casa como habíamos acordado y se venían realizando entre visitas e internaciones. Reservé el vuelo para el miércoles siguiente. Pensaba volar temprano para la Ciudad de México y regresar a Miami en el vuelo de las 5 PM de ese mismo día.

El domingo 26 de agosto a aproximadamente las 7 PM estábamos acostados jugando con Bella, quien otra vez habló con un léxico y en un tono que no le eran propios. A esto le siguió el mismo patrón de conducta que había sucedido las otras veces. Ella que estaba riendo conmigo en la cama, de pronto me miro profundamente, se tornó seria y habló con claridad "Muy pronto papito". Le volví a preguntar "¿Muy pronto qué Bella?" Respondió "Mami Iglesia me ayudará a caminar muy pronto". A lo que contesté "Lo sé Bella, cuando veas a Mami Iglesia dile que la amamos mucho". Para mi sorpresa, Bella se quedó dormida al instante. No esperaba que se durmiera tan pronto, sino que permaneciera despierta un poco más. Cuando se durmió todas las luces de la habitación estaban encendidas. Unos 25 minutos después, ella estaba dormida y yo estaba a su lado rezando sobre ella silenciosamente, de pronto se despertó gritando "¡Te amo Jesús!". De inmediato volvió a dormirse. Estaba emocionado y sentía mi adrenalina. Imagínese allí con una niña durmiendo y que se despierte de golpe y escuchar que grita esas bellas palabras. Como siguió durmiendo, silenciosamente salí para contarle a Shannah lo que había sucedido. Cuando le estaba explicando lo ocurrido, Rayna que estaba jugando en la cocina y haciendo ruido se dirigió a la habitación. Shannah y yo corrimos detrás de Rayna para que no entrara y despertara a Bella. Rayna había logrado entrar haciendo ruido cuando la alcanzamos. Bella se despertó cuando ingresamos en el cuarto diciendo "¿Fátima, Jesús? ¿Fátima, Jesús? ¿Fátima, Jesús?" Al preguntar esto, tenía los ojos abiertos y miraba alrededor de la sala como si de pronto se hubiesen desaparecido. Esto era muy asombroso ya que no habíamos hablado nada de Fátima (Nuestra Señora de Fátima) en la casa desde que los *Heralds of the Gospel* trajeron la imagen de Fátima a nuestro hogar poco después del diagnóstico de Bella. Sin dudas habíamos hablado de Guadalupe delante de ella, pero no de Fátima. De todos modos, era un hecho sorprendente, alabamos con Shannah a Dios por acompañar a Bella y enviar a su Madre a que la consuele y le haga compañía.

El miércoles 29 de agosto de 2007 partí para la Ciudad de México desde Miami en un vuelo temprano a la mañana con un regreso programado a las 5 PM. Cuando me senté en el avión, recé fervientemente en agradecimiento por los maravillosos resultados de la resonancia magnética y tomografía por positrones de Bella. Recé el rosario y sentí una increíble paz interior. Esta experiencia de volar era algo nuevo para mí. No estaba yendo a una reunión de negocios para las que, por lo general, voy revisando material comercial cuando estoy en el aire. No estaba yéndome de vacaciones, iba a cumplir una promesa y a agradecerle a Dios y a honrar a "Mami Iglesia".

Antes de esto, a mediados de julio, mi padre y Ralph fueron a la Ciudad de México en un viaje de negocios. Se estaban yendo por 3 días apenas, pero uno de los principales objetivos de mi hermano era visitar el santuario y realizar una súplica para mi hija Bella.

Entre los compromisos de negocios, lograron visitar la Basílica de Nuestra Señora de Guadalupe. Ralph había ido a la Ciudad de México algunas veces, pero sólo había visitado la basílica una vez. Había sido durante su luna de miel y había cometido el error de usar pantalones cortos. La Basílica tiene un código de vestimenta estricto y los que no se visten de manera apropiada no se les permite ingresar. Bien, pasaron 20 años desde que Ralph había ido. Al llegar, se estaba celebrando la Misa y Ralph describió una sensación de emoción sobrecogedora al ingresar al santuario. Las lágrimas le recorrían el rostro cuando observó la tilma de San Juan Diego, que es donde apareció la imagen de nuestra Santísima Madre, Nuestra Señora de Guadalupe, hace casi 500 años. La vestimenta se conserva y está colgada detrás del gran altar para que todos puedan observarla. En verdad es una imagen sorprendente y miles de personas rezan frente a ella.

El tiempo en la Basílica era muy limitado, compraron de inmediato algunas velas que Ralph trajo consigo y que se prenderían para copiosos ruegos. Después de encenderlas en las grutas, ambos se dirigieron a la antigua Basílica que estaba ubicada junto a la moderna donde se conservaba la tilma. Al ingresar en la antigua Basílica, Ralph notó que hacia un lateral del santuario principal, se exponía el Santísimo Sacramento y algunos fieles veneraban el consagrado cuerpo de Cristo. Ralph le pidió a mi padre que lo esperara, se acercó y se arrodilló frente al Sagrado Sacramento. Allí rezó intensamente implorando a Jesús que cure a Bella y que haga que vuelva a caminar. También pidió por su hijo, Christian, quien tenía algunos problemas que lo tenían preocupado. Luego de unos minutos, Ralph regresó junto a nuestro padre y ambos se dirigieron hacia una impresión grande enmarcada de Nuestra Señora de Guadalupe. Allí, a sus pies, había muchas, muchas fotografías de niños y de adultos que habían dejado sus seres queridos. Había pequeñas velas que se habían encendido y cuya luz se reflejaba contra las numerosas fotos. Ralph sintió que era el lugar perfecto para colocar la de Bella y la de Christian. Mi padre y mi hermano se arrodillaron en un pequeño reclinatorio y rogaron a Dios. Pidieron a la Santísima Madre para que interceda y haga llegar los ruegos a su hijo, Jesús. Era emotivo, solemne, se sentía como una misión cumplida. Tenían que irse para atender sus compromisos vespertinos, pero no sin que Ralph antes visitara una de las tantas tiendas de recuerdos y artículos religiosos y se llenara de rosarios, imágenes, cadenas con llaves y demás artículos.

El taxista era un hombre de edad avanzada que con paciencia recorrió con ellos y los esperó mientras estuvieron en el santuario. Él también rezó y gentilmente relató un poco de historia cuando caminaban por la enorme plaza de regreso al taxi. Ese día mi padre prometió que si Bella caminaba otra vez, algún día volvería toda la familia al santuario y que ella dejaría flores a los pies de Nuestra Señora.

Aterricé en la Ciudad de México a las 10:30 a.m. aproximadamente. Al pasar tan rápidamente por la aduana y migraciones me asombró ver tanta modernidad en el aeropuerto. Hacía casi 12 años que no iba a México, los avances tecnológicos y el auge del desarrollo económico me resultaron sorprendentes. Recordé que en mis viajes anteriores siempre me advertían de solicitar servicio de taxi con reputación ya que los taxistas solían asaltar y robar a los turistas. Al salir del aeropuerto había guías conserjes del Departamento de Transportes mexicano que me consiguieron un taxi habilitado. Cuando ingresé al taxi y sonreí al conductor, sabía que estaba a salvo.

El taxista me preguntó adónde me dirigía y respondí "La Basílica de Guadalupe, por favor". Soy bilingüe, por lo tanto comunicarme en español no es un inconveniente. Comenzó a conducir y luego preguntó: "¿Cuántos días se quedará en México?". A lo que respondí que tenía un vuelo de regreso a Miami a las 5 a.m. Quiso saber si estaba allí por negocios. Le comenté que iba para cumplir una promesa y que mi hija de 4 años tenía cáncer y estaba con parálisis y que había hecho una promesa a la Virgen María de venir a visitarla la semana pasada. Se mostró un poco desconcertado por la respuesta y agregó "Señor, son casi las 11 a.m., la Basílica no está lejos pero hay muchísimo tránsito. Debe regresar al aeropuerto al menos 2 horas antes por ser vuelo internacional, no le queda mucho tiempo". Respondí que entendía y si era necesario pasaría la noche en México, pero que tenía que llegar a la Basílica lo antes posible.

El taxista aceleró y se concentró en llegar a destino. Condujo con un tránsito muy congestionado por la Ciudad de México. Seguía afirmando que aunque había mucho tránsito, no estábamos lejos y que llegaríamos pronto. Comencé a contarle que mi hija había hablado de Nuestra Señora de Guadalupe. Le expliqué que tenía siete metástasis por todo el cuerpo y que ahora no se visualizaban en los estudios; que estaba paralítica pero que Bella decía que la "Mami Iglesia" la ayudaría a caminar pronto. Cuando le dije que Bella nació el 12 de diciembre, ¡casi salió de la carretera! Respondió que no le sorprendía demasiado. A través de los años, otros pasajeros le habían contado de milagros que habían sucedido y que él y su familia, como es típico en muchos mexicanos, eran muy devotos de Guadalupe.

A medida que nos aproximábamos a la Basílica, continuaba asegurando que ya casi llegábamos. Me explicó que, habitualmente, deberíamos ver el techo del santuario principal, pero que los árboles habían crecido de tal manera que tapaba la vista, pero que no me preocupara que casi llegábamos. La anticipación de llegar por fin ante la imagen de nuestra Señora en la tilma aceleraba mi corazón. Me hacía tan feliz saber que estaba por cumplir la promesa que había hecho.

Cuando partí para México me replanteé si llevar mi teléfono celular. No creí que tendría servicio, por eso pensé que no me haría falta. Sin embargo, por costumbre y porque había pensado en caso de emergencia si hay servicio quizás pueda servirme, lo llevé. En ese preciso momento que llegaba a la Basílica y que veía la edificación, cuando todavía estaba en el taxi, mi Blackberry☒ sonó. Era Shannah, ¡saltaba de felicidad! Me contó que en ese mismo momento, Bella que estaba completamente paralítica de la cintura para abajo hasta cuando salí de Miami unas horas atrás, se había levantado y había empezado a gatear por la casa.

Otra vez me invadió la emoción y la felicidad y alababa a Dios. Estaba ante la entrada del inmenso patio que daba al santuario principal. Hacia mi derecha había un grupo grande de mujeres que habían ido a la peregrinación a la Basílica reunidas en una esquina del patio cantando el Ave María, era hermoso. Mientras contemplaba lo que tenía frente a mí, lleno de emoción, también vi algunas mujeres cruzar el patio en dirección a la iglesia principal de rodillas, llevando sus bebés recién nacidos. Había visto estos fenómenos en videos sobre la Basílica por Internet. Es sorprendente lo devotas que son las mexicanas a Guadalupe como para cruzar el patio, trepar los escalones e ingresar en la iglesia con las rodillas descubiertas sobre el hormigón rígido y desparejo, y además, llevando los bebés para consagrar sus hijos a Cristo y pedir la protección de Nuestra Señora de Guadalupe. A muchas de estas mujeres le sangran las rodillas, ya que la piedra áspera del patio les dejaba su marca en la piel. Mientras observaba esta increíble demostración de fe, podía sentir la presencia de Dios. Entre las noticias que había recibido de Bella gateando, las mujeres que cantaban bellamente y las que iban de rodillas por el patio, sentí que estaba en un sueño. De inmediato me di cuenta de que si había alguien que debía estar de rodillas era yo. Me eché de rodillas con la mochila puesta y empecé a andar con esas mujeres hasta la iglesia. Al acercarme podía vislumbrar carteles grandes a la entrada que decían "¿No estoy yo aquí que soy tu madre?" Éstas son las palabras que Guadalupe mencionó a Juan Diego en 1531.

Cuando ingresé en esa bella iglesia inmensa e imponente, pude ver la tilma con la imagen de Nuestra Señora a la distancia detrás del altar. Fui de rodillas hasta la última fila de bancos que formaban el área principal de asientos de la iglesia. Allí recé con fervor, agradecí a Dios por su misericordia para conmigo y mi familia. También agradecí y honré a María por consolar a Bella, por visitarla y por interceder por ella ante su Hijo para su curación. Permanecí arrodillado algunos minutos. Quería acercarme a la tilma, pero sentí que todavía no estaba listo. Tenía esa sensación intensa y emotiva, el tipo de sensación que sentía en la mañana de navidad cuando era niño. Caminé alrededor del santuario principal y encontré una de las muchas capillas que hay dentro de la Basílica. Ingresé y me senté entre otros frente al tabernáculo más grande que podía imaginar. Aquí es donde pasé la mayor cantidad del tiempo que permanecí en la Basílica, frente al lugar donde se encuentra el cuerpo de Cristo. Me sentí muy cómodo y me quedé rezando un largo tiempo. Recé en agradecimiento, por cada persona que conocía y recé el rosario en silencio. Sentía una increíble paz. Cuando me sentí listo, terminé de rezar, emocionado me acerqué a la tilma.

La tilma se encuentra detrás del altar principal, pero está separada por un corredor que tiene tres cintas transportadoras que se desplazan lentamente en movimiento contrario de manera alterna. Esto es así para mantener un flujo de muchos turistas y fieles que visitan la Basílica a diario. Había sólo algunas personas allí. Algunos estaban rezando y otros observando imágenes. Una vez más me puse de rodillas en la cinta transportadora. Pasé un tiempo yendo de cinta en cinta y seguía arrodillándome cuando pasaba lentamente frente a la imagen de Nuestra Señora. Mis oraciones eran de agradecimiento, honor y amor. Le agradecí por visitar a Bella, por cobijarla bajo su sagrado manto y ante la mirada de Cristo que la había curado y la había recuperado de la parálisis.

Después de un tiempo, salí del edificio principal y empecé a ascender la colina hasta la cima de Tepeyac, que es donde se encuentra la basílica y el lugar de la primera aparición de Nuestra Señora de Guadalupe. Es donde se construyó la primera iglesia original y donde tuvo lugar el milagro real en 1531. Si nunca visitó la Basílica, recomendaría una visita al menos una vez en su vida. Independientemente de la religión o denominación, vale la pena el viaje. Es un lugar donde se siente la presencia de Dios y los actos de los fieles que están allí inspiran a cualquiera. Cuando empecé el ascenso de la larga serie de escalones de la colina, contemplé con admiración los impactantes jardines, que alguna vez fueron rocas áridas desérticas, antes del milagro de 1531. Es una bella disposición de flores y rosas y demás paisaje bello. Al llegar a la cima, leí un letrero en español que decía "Este es el lugar donde ocurrió el milagro en 1531, el suelo que pisa el peregrino es sagrado, ya que María, la Madre de Cristo, puso un pie aquí".

Ingresé en la iglesia pintoresca y bella y recé allí en agradecimiento y alabanza. Como tenía poco tiempo, comencé a descender por el otro lado de la colina que conduce a un área donde se venden refrigerios y recuerdos religiosos. Allí compré algunas cosas para mi familia, algunos rosarios y otros artículos. Mientras lo hacía le conté a una de las vendedoras porqué estaba allí, que mi hija que había nacido el 12 de diciembre se estaba curando de cáncer y se recuperaba de la parálisis. La mujer me abrazó y me dio una escápula infantil, que es una suerte de collar sagrado, como obsequio para Bella. ¡Qué sentimiento más regocijante! Mientras descendía la colina, continué observando la magnífica vista de la ciudad hacia abajo y los hermosos jardines y esculturas que componen el terreno de la Basílica. Una vez más ingrese en la Basílica principal y fui frente a la tilma para rezar por última vez antes de partir.

Antes de despedir al taxi que me llevó, le había solicitado al taxista que me encontrara a cierta hora en el mismo lugar donde me había dejado. Al llegar no lo vi, pero me quedé allí. Un hombre se acercó y me preguntó "¿Va para el aeropuerto, amigo?" Respondí "No, gracias, espero a alguien que viene a recogerme". Me preguntó, "¿Usted es el hombre con la niñita con cáncer?" Me sorprendí, dije "sí". Prosiguió "Mi hijo lo condujo desde el aeropuerto, me llamó después de dejarlo a usted. Me contó de su hija. Yo también estoy con él en el negocio de los taxis y le pregunté si podía llevarlo de regreso al aeropuerto porque quería conocerlo y escuchar lo de su hija". Mi primer taxista debe haberle descrito bien mi aspecto, porque la zona entorno a la basílica estaba congestionada por una multitud. Me llevó de regreso al aeropuerto y tuvimos una linda conversación sobre lo que había pasado con Bella. Me dijo que creía en Dios y que él y su familia iban a misa los domingos a la Basílica. Me aseguró que toda su familia rezaría por Bella. Llegué al aeropuerto y tomé el avión de regreso a Miami, exhausto por las regocijantes emociones y por la jornada larga.

Al día siguiente, Bella gateaba por toda la casa. Era fantástico ver su felicidad. Quería gatear, odiaba la silla de ruedas y estaba contenta con su motricidad. Presentía que Bella volvería a caminar pronto. Además, seguía diciéndonos "Mami Iglesia me va a ayudar a caminar pronto". Siempre seguía un mismo patrón cuando decía esto; se ponía muy seria, nos miraba directamente a los ojos y comenzaba a hablar con una voz y un tono claros. Esto era muy llamativo ya que Bella siempre tuvo un retraso grave del habla.

Quería acelerar su capacidad de volver a ponerse de pie, ya que las piernas de Bella se tornaban más fuertes. Se me había ocurrido conseguirle un andador, uno infantil para ayudarla a aprender a caminar rápidamente de nuevo. Recibía terapia física domiciliaria, pero la terapeuta no podía traer consigo la gran variedad de equipos disponibles en el gimnasio de terapia física del Hospital de Niños de Miami. El problema era que el recuento de glóbulos blancos que tenía Bella era bajo debido a la quimioterapia, el oncólogo nos recomendó no llevarla al hospital para la terapia debido a que eran altas las posibilidades de que se contagie una infección interna. Con Shannah fuimos a tiendas donde vendían andadores infantiles. Compramos dos porque Bella pesaba 60 libras y estaba con mucho sobrepeso en aquel momento. Gracias a Dios que así fue porque perdió casi 20 libras debido al tratamiento y nunca necesitó alimentación por sonda intravenosa. De hecho, el Señor sabe lo que hace. Sin embargo, la idea de un andador no funcionaba porque no podría soportar el peso de Bella. Hablé con Ralph por teléfono sobre el andador y compartí con él mi frustración de no poder encontrar nada para Bella. Le conté que necesitaba algo que la sostuviera y que estuviera por encima del suelo. Respondió "pareciera que estás necesitando una silla para comer de bebés, pero sin la silla".

En un esfuerzo por que se me ocurriera algo ingresé a nuestro desordenado y desorganizado garaje. Me topé con una silla vieja para comer que las dos niñas habían usado cuando eran bebés. Se me ocurrió la idea de que quizas podía modificarla. Sabía que podía sostener su peso y que era ajustable. Extraje la silla y comencé a pensar y luego a rezar. Pedí a San José, el padre de Jesús en la Tierra que era carpintero, que intercediera por mí y me inspirara para construir algo que ayude a mi pequeña a caminar otra vez. Puedo asegurar que mi pedido se escuchó, ya que no soy muy hábil y la carpintería era una de mis peores habilidades. No obstante, corté la silla y utilice las patas y la estructura. Agregué ruedas a la parte inferior de las patas. La aseguré con dos tornillos y un 2 x 4 de madera en la parte delantera y posterior de la estructura y luego taladré y coloqué un trozo resistente de tela para que Bella pudiera sentarse sobre ella, pararse y usar las piernas para rodar y descansar sobre la tela en caso de que se cansara. Este andador improvisado parecía obra de una clase de taller de carpintería que había salido mal, pero pensé que funcionaría. Cuando ingresé en la casa con el invento, Shannah me miró y preguntó "¿Qué es esa cosa?" Bella quería probarlo. La subí y, si bien necesitaba un ajuste de altura y podría haber funcionado mejor con rueditas, funcionó. La cara de Bella se iluminó, ahora estaba erguida y podía patear con las piernitas para impulsarse.

Ese día Teníamos que ir al hospital porque Bella se internaba otras 5 noches de quimio. Llevé el andador con nosotros. Al llegar, las enfermeras me miraron y parecía que se preguntaban de qué depósito de chatarra había sacado eso. El piso resbaladizo del hospital parecía ideal para que el andador se deslizara. Sabía que necesitaba ajustes, así que llamé a la terapeuta física del hospital y le pedí que subiera al piso de oncología. Observaba desde la distancia el modo de caminar de Bella con el andador y me dijo que debía levantar la tela. Pensaba que mi idea podría funcionar. En el apuro y mi olvido al salir para el hospital, no llevé el taladro. Este invento ni siquiera tenía todos los tornillos del mismo tipo, lo había armado con los que pude encontrar en el garaje. Pregunté si alguien tenía un taladro en el hospital. La respuesta obviamente fue negativa. Luego noté que había una parte del hospital que se había remodelado. Pensé que valdría el intento. Fui a la zona segura de construcción como si fuese el dueño del lugar. Vi a un hombre con un taladro inalámbrico y le dije "Hola, soy del hospital. ¿Sería tan amable de prestarme su taladro y algunas brocas? Se lo devolveré de inmediato". El hombre me miró extrañado, pero dijo "¿Es del hospital?" Respondí: "Por supuesto". Realicé los ajustes tal como había sugerido la terapeuta física. Bella comenzó a correr por el piso con su nuevo andador. Me sentí el mejor padre del mundo, aunque mi invento se veía horrible y un tanto peligroso, pero funcionó perfectamente. Las mismas enfermeras, que al principio pensaron que estaba loco, aplaudían mi invento. La felicidad de Bella lo decía todo, ahora podía correr de un lado para otro por su cuenta y estaba de pie. De hecho, no quería dejarlo. Rodaba por los pasillos mientras le hacían la quimio y teníamos que ir tras ella con el soporte para suero para que la aguja no se saliera de la cánula ni que la sonda se adhiriera. Perseguía a las enfermeras e intentaba pisarlas con el andador, le parecía tan gracioso y, por supuesto, todas le seguían el juego. Bella podía ir y visitar a otros niños en sus habitaciones, era una bocanada de aire fresco y risas. Fue motivo de inspiración para muchos otros padres que sabían que Bella había estado paralítica. Su alegría pura animaba a otros niños y padres y los colmaba de esperanza. Dado que ahora estaba de pie, las enfermeras la nombraron enfermera *honoris causa* y le concedieron un cajón donde podía guardar papel para dibujar. Solía pararse detrás del mostrador como las enfermeras, y a veces, las ayudaba a archivar carpetas. Por suerte, Bella siguió los tratamientos de quimioterapia increíblemente bien. Pasó por siete tipos de quimio y nunca vomitó ni se descompuso ni tuvo problemas de infiltración por la cánula. Finalizamos el tratamiento de cinco noches y regresamos a casa. En este tiempo, Bella siguió perfeccionando su manera de caminar con el andador. Quería estar ahí todo el tiempo, ya sea en casa o en el hospital. Tuve que colocarle ruedas más grandes porque quería salir a la acera. Aunque no tenía permitido tomar sol, por la interacción con la quimioterapia, podíamos salir en el atardecer para que pudiera disfrutar del aire fresco.

Después de unas semanas de utilizar el andador que le había hecho, un día le prometí un pez nuevo para la pecera. Era la única mascota que podía tener desde que estaba en quimioterapia. Fuimos los dos a la tienda de peces, como solíamos llamarle. Junto a la tienda, había una de suministros médicos y vi un andador pediátrico en la vidriera. Estos andadores son del tipo que, por lo general, se ve en personas mayores que van empujando para mantener el equilibrio. Nunca había visto uno tan pequeño y honestamente estaba tan contento de cómo le iba con el andador que le había hecho que no me molesté en buscar otras opciones. No obstante, la invité "Bella, ven conmigo". La puse en el andador que llevaba e ingresamos en la tienda. Hablé con el hombre que estaba adentro, era el dueño, y le pregunté si Bella podía probarlo allí en la tienda. Aunque estaba temblorosa, pudo dar algunos pasos completamente erguida y estaba feliz. Alquilé el andador y fuimos a casa. Sorprendimos a Shannah, Rayna y a mis padres que esperaban que regresáramos con el pez y, sin dudas, no con un andador pediátrico. Se mostraron encantados que podía usar andador. Le costaba mucho, pero estaba decidida. Pueden ver un video de ella caminando con este andador pediátrico en su sitio web: www.PrayforBella.com. Bailaba y era tan feliz de poder andar. En un momento gritó "AMÉN, ¡GRACIAS POR REZAR POR MÍ!". Asimismo es interesante que antes de decir "AMÉN" en este video mira por encima del hombro como si al tener dificultad y dolor al caminar buscase a alguien. Luego estira la pierna y grita "¡AMÉN!" Fue un día maravilloso, hasta donde podíamos ver Bella se había recuperado de la parálisis. Si no hubiese mejorado más que esto, igual estábamos agradecidos.

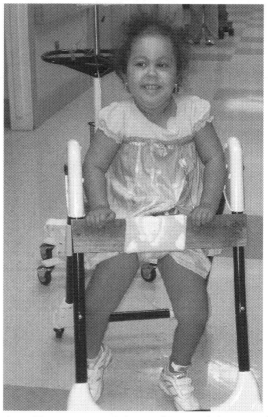

Bella Rodríguez-Torres en su andador en el Hospital de Niños de Miami.
Septiembre de 2007

A consecuencia de su discapacidad mental, Bella sufre lo que se denomina trastorno del autocontrol. Para dar una idea de lo que se trata, citaré el siguiente ejemplo. Si estuviéramos con la familia yendo en el automóvil y Rayna nos pidiera leche, simplemente le explicaríamos que no tenemos leche en el auto y que tiene que esperar a que lleguemos a casa. Rayna, como muchos niños, puede controlarse y calmarse por sí sola, aunque al principio le de un ataque, que esperare hasta que le demos leche es posible. Por el contrario, Bella no tiene esta capacidad. Empezaría a gritar, patalear y repetir "Quiero leche" una y otra vez. Podría y tendría un ataque por horas a menos que encontremos leche en algún lado. Se pondría tan mal que, a veces, se halaba el cabello. Puede imaginarse lo difícil que es lidiar con esto, especialmente cuando se está en público o en la casa de alguien.

Durante una de estas manifestaciones, incluyendo el que se halaba el cabello, que ahora era muy frágil por la quimio, en nuestra habitación principal, tanto Shannah como yo intentamos consolarla, Bella había hecho algo que no había hecho antes. De repente dejó de llorar y de tener el ataque. Inspiró y dijo claramente en un tono que no le era propio "Huelo a rosas". Shannah y yo quedamos de inmediato boquiabiertos. Bella nunca había podido identificar distintos tipos de flores y nunca había dicho la palabra "rosa". Lo hizo alrededor de las 9:30 a.m. y más tarde a eso de las 7:30 p.m. en el mismo lugar, en la cama del dormitorio principal. Ni Shannah ni yo pudimos oler a rosas, sin embargo, ambos episodios siguieron el mismo patrón de cambio de voz, inspirar y hablar claramente diciendo "huelo a rosas".

A la semana siguiente, mientras Bella estaba impaciente con la quimio, una de las enfermeras entró en la habitación con una rosa en el bolsillo. No sé quién le dio la rosa, pero Shannah se la pidió prestada un momento. Se la acercó a Bella, quien estaba en la cama del hospital, y le preguntó, "Bella, ¿qué es esto?" Bella contestó en su tono normal y su vocabulario limitado "una for". Shannah le dijo "sí Bella, es una flor (corrigiendo la mala pronunciación de Bella), pero ¿qué tipo de flor?" Bella la miró y respondió "for". No sabía que se denominaba rosa.

Esa noche en el hospital después de la quimio mientras Bella se estaba preparando para acostarse, Shannah le dio un rosario con olor a rosas. Bella lo olió y le dijo en voz clara y en un tono diferente, "Huele a rosas, huele a Mami Iglesia". En ese momento ya estaba bien documentado que muchas personas que habían ido a lugares donde se habían producido apariciones de la Santísima Madre, habían sentido el olor a rosas, por lo general, inundando el aire. Es curioso que aunque no podíamos oler el aroma en el aire, era evidente que Bella sí. Aun sin saber qué tipo de flor es.

Bella siguió su régimen de quimioterapia extremadamente bien con ningún efecto secundario aparente. Su forma de caminar con el andador pediátrico mejoraba increíblemente. Se le realizaron dos tomografías por emisión de positrones en este período, ambas con resultados excelentes, sin evidencias de cáncer en ninguna parte, ni siquiera en la columna. Seguíamos manteniendo teleconferencia para rezar antes de ir al hospital a hacerse estos estudios. Seguíamos teniendo una gran cantidad de personas que se reunían para rezar y reflexionar en estas teleconferencias. El ejército de gente que rezaba por Bella era fervoroso. A la semana 14 de su tratamiento, el equipo de médicos de Bella nuevamente estaba tratando el asunto de la radiación, que de acuerdo con el protocolo estaba programada para que comenzara en la semana 20. Mi padre en sus conversaciones con los líderes del área de esta especialización supo de un tipo de radiación nueva denominada radiación de protones. Era muy novedoso y en ese momento había sólo 5 centros en el mundo que lo tenían, 4 de ellos en los Estados Unidos. Nos enteramos que este tipo de radiación acarreaba efectos secundarios mucho menores comparados con la radiación común. Para ese entonces, el plan era aplicarle a Bella sólo radiación al tumor primario que se suponía estaba en la columna, ya que era el más grande.

Para muchos podría resultar difícil de creer que muchas instituciones se reserven tanta tecnología de punta y costosa para mantener índices altos en las estadísticas de éxito. Por cierto, nos enteramos que, desgraciadamente, los pacientes que tienen las enfermedades más avanzadas, como lo era Bella, las descartan, ya que, como nos mencionó uno de los centros, "cuando están tan avanzados, no ofrecemos terapia de protones". Era completamente desagradable creer que se rechazaba a los pacientes que necesitaban más el tratamiento porque podían afectar, en forma negativa, las estadísticas de la institución. Según parecía, se podían perder muchas fuentes de financiación de estas prestigiosas y renombradas instituciones si el índice de éxito descendía. Por supuesto, supongo que cualquier institución podía obtener resultados clínicos positivos si los pacientes se seleccionaran cuidadosamente y no estuvieran en una etapa muy avanzada de su diagnóstico. De hecho, qué triste que tanta cosa en el mundo, aun en casos de vida o muerte, giren entorno al dinero, al prestigio, la burocracia y demás. Luego de mucha investigación y orientación del Señor, el Dr. Sameer Keole del University of Florida Proton Institute en Jacksonville, Florida aceptó a Bella. Es más, las palabras del Dr. Keole, a diferencia del resto, fueron "traigan a Bella aquí. Nosotros vamos a atenderla". Después de la evaluación y simulación inicial, estábamos listos para mudarnos a Jacksonville por 6 semanas para que Bella pudiera recibir anestesia y radiación a diario. Fue el Señor el que nos guió al mejor lugar, la gente del centro son maravillosas. Son personas que cumplen la finalidad de ayudar, de verdad, a los pacientes y dejar las estadísticas y los resultados en segundo plano.

Partimos de Miami para Jacksonville en la noche y nos detuvimos en Orlando para recoger a Kim, que se quedaría con nosotros las primeras semanas para ayudar. Bella adora a Kim, la llama "Drina" que es apócope de "madrina". Después de cenar en la casa de Ralph y Kim y antes de irnos para continuar el viaje hasta Jacksonville, Kim tomó las manos de Bella mientras se ponía de pie y logró que diera algunos pasos minuciosos por la cocina por primera vez sin el andador. Se puede imaginar nuestra alegría, pero mayor era la de Bella que descubría que estaba caminando, aunque con ayuda. Esos pasitos parecían zancazos por el piso de la cocina. Ralph, Kim y Christian compartían nuestra alegría y alentaban a Bella a seguir intentándolo. Fue un momento increíble que no olvidaremos.

Habíamos hecho preparativos para quedarnos en Marriott Residence Inn en el sur de Jacksonville. Gracias a la generosidad de la gente del trabajo, de Ralph y otros, pudimos acumular los puntos

Marriott suficientes para pagar por nuestra larga estadía. El hotel no era para nada lujoso y era un poco viejo, pero iba a ser nuestro hogar durante las próximas 6 semanas. Estábamos resueltos a arreglarnos con lo que teníamos.

Estábamos bastante cansados de nuestro viaje a Jacksonville esa noche y nos fuimos a dormir. Pasamos el día siguiente desempacando y acostumbrándonos a nuestros alrededores. En la tarde con Shannah fuimos a las 5.30 p.m. a la misa de vigilia de la Iglesia Católica la Sagrada Familia en Baymeadows Road. Bella se quedó en la habitación del hotel con Nelda Castillo, una amiga de Panamá, que había venido a ayudarnos en nuestra estadía en Jacksonville y Kim. Cuando llegamos al hotel, al acercarnos a nuestra habitación podíamos escuchar música. Al abrir la puerta, no podíamos creer lo que veíamos. ¡Bella estaba bailando por la habitación con su andador! Kim y Nelda estaban tan contentas que lloraban de felicidad. Le pregunté a Nelda cómo la había pasado. Teníamos un cuadro en blanco y negro de Cristo que mi sobrino Christian le dio a Bella cuando le informaron por primera vez el diagnóstico. Llevábamos ese cuadro a todos lados que íbamos con Bella y siempre lo colocábamos en la habitación del hospital cada vez que estaba internada. Lo habíamos colocado en la habitación del hotel cuando llegamos. Estaba en el medio de la sala de estar de la habitación sobre la cima de la chimenea. Cuando le pregunté a Nelda, que no habla para nada inglés, cómo había sucedido, dijo que Bella había estado sentada en el sofá, señaló la imagen de Cristo, dijo algo en inglés, se levantó y comenzó a bailar por la habitación. Cuando le pregunté a Kim que hablaba inglés, qué había dicho Bella, Kim respondió "Bella señaló la imagen de Jesús y dijo "¡Gracias, Jesús mírame!" y comenzó a bailar por la habitación. Bella ahora caminaba perfectamente y estaba feliz. (También hay un video de los primeros pasos de Bella en el sitio web www.PrayforBella.com).

Bella Rodríguez-Torres caminando por sus propios medios en Jacksonville, Fl., dic. de 2007

Bella comenzó la terapia de radiación de protones el mismo lunes y asi seria durante seis semanas y media. Las consultas eran, por lo general, muy temprano en la mañana, lo cual era beneficioso porque no tenía que comer nada antes de la radiación. El Florida Proton Center estaba hacia el extremo norte de la ciudad, era importante salir temprano para evitar embotellamientos de tránsito. Bella pudo adaptarse relativamente con facilidad a levantarse muy temprano e ingresar en el auto. Algunas mañanas eran muy frías, pero "Drina" se las arreglaba para taparla con una manta por encima de la cabeza para asegurarse de que estuviera calientita. Todos los días le daban anestesia y radiación, y después, algunos días quimioterapia. Nunca vomitó, ni se descompuso ni una vez. Continúo siendo una inspiración para todos los que se relacionaban con ella. Todos los que trataron a Bella en Jacksonville fueron maravillosos. La trataban a ella y a todos los pacientes con todo el amor y dedicación. También hicimos lindas amistades que conservaremos por siempre. Además, experimentamos algunos incidentes divinos increíbles que explicaremos en los siguientes capítulos. Seguimos con el protocolo de su tratamiento de 54 semanas. Regresamos a Jacksonville otras 10 semanas en el verano de 2008 cuando tomamos la decisión con la ayuda del Dr. Keole para radiar todos los puntos metastásicos anteriores. Bella llevó adelante todas las terapias sin sufrir efectos secundarios importantes.

Como mencioné anteriormente, cuando estuvimos en Jacksonville, fuimos bendecidos con amistades nuevas que tendremos de por vida. El Señor nunca nos prometió un camino fácil, sin embargo, sí nos envió ángeles a lo largo del trayecto para asistirnos. ¡Gracias a Goldi, José, Juani, Michelle, Jim, Mariola, Tony, Mary, Víctor y muchos otros ángeles que salieron en nuestra ayuda en ese tiempo! ¡Que Dios los bendiga por su generosidad y amor cuando los necesitamos en Jacksonville! Estas personas nos abrieron las puertas de sus hogares y corazones de la manera más cariñosa y sorprendente. Nos demostraron amor, compasión y generosidad de verdad sin esperar nada a cambio. Estoy seguro de que Dios los puso en nuestro camino para aliviarnos la carga de nuestro viaje.

Por cierto, el Señor con su sabiduría y misericordia infinitas nos ha permitido disfrutar de Bella aquí en su reino terrenal. Nadie puede explicar por qué Bella está viva o cómo está caminando, corriendo y saltando. El caso de Bella desafía todas las estadísticas de Rhabdomyosarcoma dado el estadío avanzado al momento del diagnóstico. La Secretaría General de las Hermanas Misioneras del Inmaculado Corazón de María de España investigó oficialmente la historia del milagro de Bella. La razón de esto es porque una de las primas de mi padre es monja, la Hermana Catalina Vigo. Cuando a Bella le diagnosticaron esto, de inmediato la llamó para que empiece a rezar por Bella. Ella y las hermanas de su orden comenzaron a rezar y no dejaron de pedir por la intercesión de las hermanas Fradera, Carmen, Rosa y Magdalena, que eran monjas mártires debido a su fe en la Guerra Civil Española. Dentro de una orden de la Iglesia Católica, para que a alguien beatificado sea considerado para su canonización, debe existir un milagro asociado. Cuando estos sucesos sorprendentes comenzaron a ocurrir en nuestra casa, Catalina me pidió documentarlas para que pudieran presentarlo como un milagro en nombre de las hermanas Fradera. Por lo tanto, las Hermanas Misioneras del Inmaculado Corazón de María comenzaron su investigación y después de 8 semanas determinaron que creían que Dios concedía el milagro de la curación de Bella por medio de la intercesión de su santísima madre, Nuestra Señora de Guadalupe.

Hoy en día, Bella regresó completamente al punto de partida, antes de quedar paralítica. Está en completa remisión y asiste a la escuela y a diversas terapias todos los días. Puede correr, saltar, nadar y bailar.

Shannah finalizó su conversión al cristianismo, se bautizó en la vigilia pascual de abril de 2008 en la Iglesia Católica de St. John Neumann. Tuvimos tanta suerte de tener a nuestra familia en esta iglesia de Miami, lugar donde en muchos vimos el rostro de Cristo cuando estábamos con tanta necesidad.

Es importante para mí aclarar a aquellos que no estén familiarizados con la fe católica, que los católicos no rinden culto a María. La veneramos por ser la mujer que Dios eligió para ser la madre de Jesús en la Tierra. Creemos que ésta no fue una decisión al azar y que desempeñó un papel muy especial en la salvación del mundo. Pedimos por su intercesión (aquel que ruega a Dios por las intenciones de otro), de la misma manera que alguien le podría pedir a un vecino o a un amigo que rezara por él o por ella. Sólo Cristo concedió el milagro de Bella. El catolicismo utiliza muchas ayudas visuales que son las razones por las que existen tantas estatuas y obras de arte de María, Cristo y sus santos. De todas formas, es importante saber que, si bien estas ayudas visuales nos permiten a los católicos recordar mantenerse en un estado reverente y de oración, no creemos en la veneración de estatuas ni ningún objeto ya que lo definimos como una práctica de idolatría. De la misma manera que una imagen de un familiar o amigo nos podría recordar a esa persona, los católicos utilizan estas ayudas visuales entendiendo claramente, como con la foto de un familiar o amigo, que la persona o el espíritu de esa persona no está en ese objeto.

Aunque nunca sepamos por qué Dios nos eligió para esto, sabemos que nuestro objetivo en lo que nos resta de vida es servir a otros necesitados y compartir este milagro con ellos para que se colmen de fe y se den cuenta de las numerosas bendiciones y talentos que tienen y que son muchas las personas maravillosas que Dios pone en sus vidas para ayudarlos. La historia de Bella conmovió a miles en el mundo. Muchos encontraron o renovaron la fe en Jesucristo a pesar de la diferencia en el estilo de vida o la denominación. Asimismo, "Hay muchos miembros, pero el cuerpo es uno solo" (1 Corintios 10:20). Este milagro sucedió porque miles de personas se unieron en la oración y estuvieron de acuerdo en que "¡NADA ES IMPOSIBLE PARA DIOS!" Lo bello de esta historia es que éste es un milagro que no sucedió hace miles de años. Este milagro sucedió en la actualidad y a "personas normales". Si existe todavía un ejemplo actual de que Jesucristo vive es en la historia del milagro de Bella.

Lo que intento es que la próxima vez que ustedes o alguien se enfrenten a una situación difícil puedan reflejarse en este milagro y aprendan a declarar y creer: "¿Por qué NO yo!?"

Lo invitamos a que se una al "Ejército de personas" que reza por Bella. Le rogamos que rece por Bella y visite su página web www. PrayforBella.com para que vea su historia, las fotos y videos.

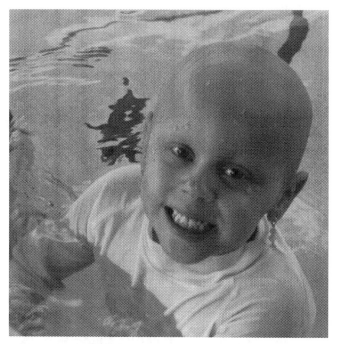

Bella Rodríguez-Torres, julio de 2008

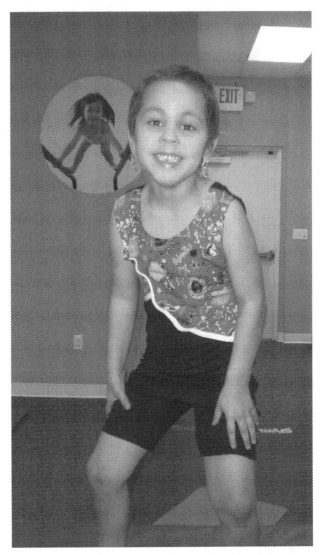

Bella Rodríguez-Torres, diciembre de 2008

La lección más grande

Como ya mencioné en el capítulo anterior, si en algún punto de mi vida me hubiese preguntado si tenía una relación con Cristo, mi respuesta inmediata hubiese sido "¡Sí!" La oración siempre fue parte de mi vida como me enseñaron mis padres y debido a que fui a una escuela católica St. John Neumann cuando era niño y a la secundaria Columbus Catholic High School de adolescente. Luego obtuve mi maestría en la Universidad Oral Roberts y aunque fue en administración de empresas, estudié teología y aprendí mucho más sobre Cristo. No obstante, cuando diagnosticaron a Bella estaba destruido. Era como si no tuviera nada. Aunque se suponía que tenía fe, estaba solo, tenía miedo y me había rendido.

Por cierto, el día que nos dieron el diagnóstico oficial y consentimiento para tratar a Bella con quimio, ya estaba derrotado. Ya había aceptado que Bella iba a morir. Realmente creía que era presa de Satanás aun más porque en aquel entonces por las noches, después de pasar varias horas llorando hasta dormirme, tenía pesadillas espantosas sobre su muerte. Imaginaba su funeral, imaginaba que me traían un catálogo de ataúdes para que eligiera uno para Bella. Era horrible. Daba lástima, estaba enojado con Dios y le preguntaba: "¿Por qué yo?" Allí estábamos sentados frente al jefe de oncología del hospital que nos decía "su hija quedó paralítica y no creemos que vuelva a caminar. Esta en el estadío 4 del cáncer y el panorama no es bueno". Eligió las palabras con cuidado y no dijo lo que ya sabíamos, que Bella tenía unos meses de vida. Le preguntamos si valía la pena que la hiciéramos pasar por semejante tortura y nos respondió "vale la pena intentarlo". Aquí estoy, un hombre que se supone tiene fe, y sin embargo, mi primera respuesta fue la derrota, la autocompasión y esperar que Dios exista y que escuche mis plegarias. Supongo que de distintas maneras, mi reacción y pensamientos fueron los típicos de alguien a quien le dan la clase de noticias que nos dieron a nosotros.

Cuando miro hacia atrás, a todo lo que me pasó, cuando hablé con mi amigo Tim, me di cuenta de que no era un hombre que se suponía tenía fe, no dudaba, pero por sobre todo, tenía esperanzas. Tenía esperanzas de que Cristo me oyera, esperaba que todo lo que había aprendido de Dios toda mi vida fuese cierto. Esperaba que Cristo fuera el salvador del mundo y que salvara a mi hija. Lo que cambió fue que dejé de esperar y comencé a creer. Aprendí que el esperar y "cruzar los dedos" daba pie a la decepción y depresión. Aprendí que lo que tenía que hacer era cambiar mi esperanza por la FE. Llegué a creer que la Esperanza da pie a la decepción y al miedo, es como un quizás. "Espero que Dios sea real, espero que me escuche". Por el contrario, la Fe es absoluta. ¡Es segura y es ciega! Puede parecer similar, pero ¡hay grandes diferencias entre la esperanza y la fe!

Tenga en cuenta el ejemplo de los judíos antiguos que eran perseguidos y esclavos de los egipcios. Estas personas tenían una fe increíble. No esperaban que Dios los salvara, sabían que lo haría. Piense qué tipo de fe se necesita para seguir a un anciano con barba y un palo cruzar un mar milagrosamente dividido hasta la Tierra Prometida. Le puedo asegurar que si eso sucediera hoy, las cosas serían diferentes. Si un anciano con barba y aspecto de loco estuviera en South Beach con un palo diciendo que va a dividir el océano, la gente pensaría que está ebrio o le ofrecerían otro trago. Sin embargo, eso sí sucedió y esos judíos demostraron una fe ejemplar, el tipo de fe que se necesita para creer y confiar completamente en Dios.

Estoy seguro de que muchos de los que leen este libro han escuchado la frase "Tomás el desconfiado" o "No seas Tomás el desconfiado". Este término viene de Santo Tomás, el apóstol de la Biblia. El día de la resurrección de Jesús, Tomás había escuchado el testimonio de muchos que lo habían visto y dijo que Jesús había resucitado y aun así no estaba seguro. Tenía que ver a Jesús resucitado frente a él. Tenía que poner los dedos en las heridas para creer y para estar seguro. Jesús se le apareció a Tomás y le permitió que pusiera el dedo en sus heridas (Juan 20:24-27). A pesar de que Tomás tenía fama de desconfiado, creo, como yo, que tenía esperanzas. Tomás era uno de los doce apóstoles de Jesús. Vio y experimentó que Jesús hacía cosas que eran imposibles. Lo vio caminar sobre el agua, que era imposible. Lo vio devolverle la vista a una ciega, que era imposible, vio a Jesús resucitar entre los muertos, que también era imposible, sin embargo, cuando la gente decía que Jesús había regresado, Tomás no estaba seguro. ¿Por qué? Tomás había sido testigo de tantos milagros que Jesús había realizado. ¿Por qué no podía creer que Jesús hubiera podido realizar otro milagro? Creo que Tomás tenía esperanzas de que Jesús fuese el Mesías. Tenía esperanzas de que lo que había dicho Jesús fuese cierto. Quizás se replanteó los años que dedicó a seguir a Jesús por Israel y pensó: Espero que sea cierto, espero que sea el elegido. Sin embargo, Jesús le dio la oportunidad a Tomás de colocar las manos en sus heridas para que pudiera creer, qué se puede decir de aquellos que no lo vieron resucitar, que no pusieron los dedos en sus heridas, y aun así, SABÍAN que había regresado. SABÍAN que era cierto como usted y yo sabemos que el sol saldrá mañana, eso es FE. "Jesús le dijo: 'Ahora crees, porque me has visto. ¡Felices los que creen sin haber visto!'" (Juan 20:29 – Nueva Biblia Estadounidense).

Aprendí que la Fe no es saber que Dios puede, es saber que lo hara. La fe no es esperar que Dios nos escuche, es saber que es así. Además es aceptar su voluntad y someterse a ella, que nos traerá paz y fortaleza al final. Aprendí que cuando le pedimos a Dios algo obtenemos alguna de las tres respuestas: sí, y nuestro pedido se concede de inmediato, no ahora o tengo algo mejor para ti.

Creo que la segunda y la tercera respuesta son las más difíciles de aceptar. No queremos esperar y además, creemos que sabemos qué es mejor para nosotros mismos y nuestra familia. Sin embargo, si tenemos fe, entonces sabemos que el Señor sabe qué es mejor para nosotros, aun si no es lo que queremos, Él sabe qué es mejor para nosotros. Al fin y al cabo, Él nos creó. Después de mi conversación con Tim, cuando me dijo lo que sabía, entendí que Bella le pertenecía a Dios, no a mí. Pensamos que nuestros hijos nos pertenecen, como si fuesen un bien. Quizás esta idea errónea provenga del hecho que nuestros hijos tienen nuestro ADN y que somos testigos del milagro de su concepción y nacimiento. Sin embargo, nuestros hijos son una bendición de Dios. Él nos los encomendó a nosotros para que los criemos, les enseñemos y los amemos. Me di cuenta y me resigné al hecho de que Dios la convocaba al cielo, no había mejor lugar en el que podría estar. No había dolor en el cielo, no había sufrimiento en el cielo y no había cáncer en el cielo. De hecho, Jesús fue claro en lo que es el cielo, es el paraíso. "Y decía: 'Jesús, acuérdate de mí cuando vengas a establecer tu Reino.' Él le respondió: 'Yo te aseguro que hoy estarás conmigo en el Paraíso'" (Lucas 23:42-43, Nueva Biblia Estadounidense). Cuando me di cuenta de esto, comprendí completamente que Bella le pertenecía a Él, pero mi único pedido era que por favor me permita cuidarla en Su Reino Terrenal. Nuestro piadoso Padre me concedió el pedido y ahora el objetivo de mi vida es demostrarle mi gratitud para siempre.

Vi ejemplos de Dios en los que respondía "no ahora", tanto en la vida real como en la Biblia. Conocí muchos niños que desgraciadamente sufrieron recaídas con el cáncer. Por desgracia, cuando esto sucede, el cáncer, por lo general, regresa con fuerza. No hace falta contar que las posibilidades estadísticas de sufrir una recaída son muy escasas. Conocimos y amamos a niños y sus familias que experimentaron recaídas y, a pesar de las estadísticas, ambos hoy están en remisión y ellos y sus familias son testimonios del poder y la misericordia de Dios. Era interesante que cuando hablaba con ellos y escuchaba sus historias de cuando lograron la remisión por primera vez, estaban felices, tenían fe, pero sabían que el cáncer iba a regresar. Las estadísticas indicaban que se suponía que regresaría y en ambos casos así fue durante el primer estudio posterior al tratamiento. Aun así, al conocer a estas personas, verlas a diario y pasar por el tratamiento junto con ellos, con Bella notamos en estos casos que algo era diferente la segunda vez. Se habían rendido de verdad a la Fe y a la voluntad de Dios. También agradecían a Dios antes de tiempo en lugar de ver si Dios cumplía su parte y ellos la suya. Sonaban como el loco que era yo cuando andaba contándole a la gente que no iba a enterrar a mi hija. Aunque no puedo especular si tenían más esperanza que fe, como yo solía tener, sí sé que Dios tiene un objetivo divino y su respuesta a esas primeras oraciones fue "No ahora". Sin embargo, por fe a ambas familias se les concedió lo que pedían. Los dos niños no tienen cáncer, a pesar de la recaída y todas las explicaciones y estadísticas contrarias.

Otro ejemplo de "No ahora" para mí proviene de la Biblia. Este pasaje es conocido y es una lección obvia de demostración de gratitud al Señor. Sin embargo, fue otra lección importante de fe. En Lucas 17:11-19, se encuentra el relato de los diez leprosos que se acercaron a Jesús a la distancia y le pidieron que los cure. Lo consideré una gran ilustración de cómo el Señor a veces dice "No ahora" a nuestros pedidos. Aquí es donde no podemos simplemente ESPERAR que nos escuche, tenemos que SABER que es así y confiar en el plan que tiene para nosotros. En este pasaje, aunque hubo un pedido inmediato de curación, no sucedió al instante. Estos diez tuvieron que demostrar su FE hasta el extremo del ridículo antes de que sucediera. En este tiempo, la gente con lepra y otras enfermedades tenían que vivir alejados de la sociedad en general. Sólo después de que se presentaran ante las autoridades y recibieran una confirmación de éstas podían reincorporarse a la sociedad y dejar la sociedad marginada en la que se veían forzados a vivir. Además, en aquellos tiempos la gente que era considerada loca o demente sufría más persecución. Para estos diez que obedecieron las instrucciones de Jesús y comenzaron a caminar en dirección a las autoridades, en aquel momento, llenos de lepra, simplemente confiando en sus palabras, creo que demostraron FE. Aunque le pidieron a Jesús que los curara allí mismo, él les dijo VAYAN y fue entonces, DURANTE SU TRAYECTO que se curaron, no cuando lo pidieron. Aunque se enfrentaron a terribles críticas e incluso el ridículo, acudieron a las autoridades con lepra, tuvieron FE en Jesús y continuaron su viaje a ciegas. Si bien los otros 9 pudieron haber expresado más gratitud inmediata a Jesús, las últimas palabras de Él al samaritano que regresó para agradecerle fueron de consuelo: "Levántate y vete, tu FE te ha salvado".

Hace poco supe sobre una historia de un testimonio de fe, que creo ejemplifica la respuesta de Dios "Tengo algo mejor para ti".

Había un piloto estadounidense que fue derribado detrás de las líneas enemigas. El piloto sobrevivió al accidente pero quedó herido y apenas podía caminar. Vio unas cuevas cerca de donde estaba, así que se dirigió lentamente y se escondió en una de ellas. Podía escuchar a los enemigos que intentaban localizarlo para saber si había sobrevivido, pero estaba demasiado herido para correr. Era un hombre de fe, por lo que empezó a rezar. Dijo: "Señor, por favor protégeme, por favor, levanta una barrera que cubra esta cueva para no que me encuentren". Al poco tiempo de esta súplica, apareció una gran araña que comenzó a tejer una tela a la entrada de la cueva. Sin temor a la muerte y creyendo en Dios completamente comenzó a hablarle y le suplicó: "Señor, te imploré protección, pensaba en algo como una pared de ladrillos y todo lo que sucedió fue esta araña". La araña siguió con la tela y al cabo de ocho horas los enemigos estaban inspeccionando el lugar del accidente y las cuevas. Iban una por una, hasta que se acercaron a la que tenía la telaraña grande frente a ellos, la iluminaron y dijeron, "no se molesten en revisar allí, esa tela está perfectamente intacta, si hubiese pasado por esa cueva no podría estar tan perfecta, además, miren el tamaño de esa araña".

El piloto quedó a salvo. Mientras le pedía a Dios que construyera una pared de ladrillos para bloquear la entrada a la cueva, el Señor le había enviado algo más, algo mejor. ¿Qué piensan que los enemigos hubieran hecho si hubieran encontrado una pared de ladrillos delante de la cueva? Lo más probable es que la hubieran hecho estallar. Sin embargo, por Su sabiduría y misericordia, Dios le envió otra solución, una mejor solución, aunque no era lo que el piloto había deseado específicamente.

También descubrí que tener fe ciega y hablar acerca de ello puede hacer pensar a otros que uno está loco. ¡No hay nada de malo en eso! Una vez aprendí a transformar mi esperanza en fe, ¡les decía a todos que no iba a enterrar a mi hija! Muchos me miraban como si tuviera tres cabezas, pero me decían palabras amables. Mientras que sus palabras eran amables, su lenguaje corporal decía: "¡este pobre hombre está loco! ¿No sabe que su hija está llena de cáncer? ¿No se da cuenta de que las estadísticas dicen que ella va a morir muy pronto? Pobre hombre". Aprendí que esto estaba perfectamente bien. Aprendí que no tenía nada que perder. Tenía una opción: podía enloquecerme porque mi hija estaba paralizada y llena de cáncer o podía enloquecerme sobre el hecho de que el Señor iba a salvarla. Vivimos en un mundo de posibilidades. Vivimos en un mundo donde nos dicen que determinadas cosas no se pueden hacer. No obstante, Cristo hizo cosas que eran imposibles: caminó sobre el agua, lo cual es imposible; le devolvió la vista a los ciegos, lo cual es imposible; resucitó a los muertos; lo cual también es imposible. No obstante, si creemos en Él, somos llamados a creer en que lo imposible es posible. Dios da posibilidad a lo imposible. Es nuestra elección creer y seguirlo o no. Uno de los pensamientos que tenía diariamente, que algunos pueden considerar morboso, no obstante me trae gran alegría, es que sé que Bella será una de los que lleve mi ataúd en mi funeral. Será una anciana, y yo habré cumplido mi promesa al Señor de cuidarla en Su reino de aquí en la Tierra.

Ahora bien, ustedes pueden estar leyendo esto y pensar: "es fácil para ti decirlo, dado lo bien que Bella ha estado. Es fácil para ti decirlo, ya que has experimentado hechos asombrosos con la Virgen María y has sido bendecido increíblemente por Dios". De hecho, pueden pensar, dado lo que él y su familia experimentaron, cómo podrían no estar llenos de fe. ¡Estoy de acuerdo con ustedes! Sin embargo, antes de que cualquiera de los hechos extraordinarios que le ocurrieron a Bella y de que la intercesión de María o "Mami Iglesia" tuviera lugar, tuve que entregarme total y completamente a Cristo en la Fe. Todo lo demás sólo comenzó a suceder después de esto.

Muchas veces en mi vida, antes de entender esto, sin saber, negociaba con Dios. ¡Ay, los errores que cometía y le pedía a Dios que viniera a rescatarme! Mis plegarias eran algo así: "Señor, por favor, si me liberas de este problema, iré a la iglesia el próximo domingo, si puedo". "Señor, por favor, si me bendices con esto, seré más amable con otros". Aquí estaba, pidiendo a Dios que se me revelara a mí primero y luego haría algo por Él. ¿Quién era yo para negociar con

Dios? Al aprender a confiar en Él completamente, también aprendí a darle gracias primero. Él conoce cada centímetro de mí. Él me creó y sabe lo que es mejor para mí, a pesar de mis deseos. ¿Cómo podía Él no saber lo que le estaba pidiendo? Aprendí que antes de pedirle que se me revelara a mí primero, debo agradecerle por lo que ya está haciendo por mí, aun más allá de mi entendimiento. Ahora comienzo mis plegarias agradeciéndole por todo. No sólo comienzo mis oraciones agradeciéndole por todas mis bendiciones, sino que primero le agradezco por todo lo que Él está haciendo específicamente para ayudarme en cualquier situación particular que yo pueda estar enfrentando. Rezo el Santo Rosario todos los días y rezo agradeciéndole por adelantado por todo lo que Él está haciendo para ayudar a todos mis amigos y familiares respecto de cualquier prueba que puedan enfrentar.

Entender la lección de la fe en contraposición con la esperanza es tan importante hoy como lo fue el día en el que me entregué totalmente al Señor y recibí la palabra de sabiduría de mi amigo Tim. Las tasas de recaída por Rhabdomyosarcoma son del 90% aproximadamente. Por eso, mientras las estadísticas se oponen nuevamente a Bella, nadie puede explicar cómo Bella puede caminar y nadie puede explicar porqué Bella todavía está viva. Continuamos cantando victoria en Cristo por Bella.

La Santisima Madre, María era verdaderamente un ejemplo de fe. Si piensan en cómo a María se le presentó el rol importante que ella tendría en la salvación, es algo que desafía a la razón. Aquí está esta joven mujer que no estaba casada y recibe la visita de un ángel. El ángel del Señor le dice que quedará embarazada por el Espíritu Santo y dará a luz a un hijo a quien llamará Jesús. El ángel le dice que él será el salvador del mundo. Más tarde, ella se enteraría de que él sufriría y tendría una muerte terrible. Póngase en esa posición, qué propuesta increíble y difícil. Quedaría embarazada misteriosamente, cómo podría explicar esto a sus familiares y amigos, incluso a José. Seguramente, no le creerían. Qué historia descabellada. Sin embargo, la respuesta de María no dejó lugar a dudas: ¡sí! "He aquí la sierva del Señor, hágase en mí según tu palabra" (Lucas 1:28). Como si eso no fuera suficiente, pienso en la fe de José y cómo debe haber luchado para casarse con una mujer que estaba embarazada de Dios y no de él. Estoy seguro de que el pensamiento de otro hombre entrando en escena debe haber sido un factor. No obstante, ambos fueron colmados con la fe y la plena confianza en Dios.

En época de Navidad, nos llenan de hermosas tarjetas de saludos e impresionantes estatuas de porcelana representando la escena del pesebre cuando Jesús nació. Representan animales con lindo aspecto y una escena muy serena y hermosa. Aun así, intenten imaginarse las condiciones reales en las que Jesús nació. José y María no eran capaces de encontrar una vivienda apta para humanos en esa primera Víspera de Navidad. Aquí estaba el salvador del mundo, el rey de reyes por nacer en un establo improvisado con el horrible hedor de animales, humedad y frío, con los elementos de la noche. Mas que nacer en un palacio con oro y prendas costosas, él fue traído al mundo en el lugar más humilde del mundo. ¿Qué deben haber pensado María y José? ¿Es así cómo traemos al hijo de Dios al mundo? María, ¿estás segura de que esto es cierto? ¿Dónde están los ángeles y las riquezas del cielo? Y aun así es cómo Dios quería que fuera. Así es cómo el rey de reyes tenía que llegar al mundo y más tarde convertirse en la mayor lección de liderazgo de servicio que el mundo haya conocido y conocerá jamás.

María vio a su hijo ridiculizado, golpeado y condenado a muerte de la misma manera en la que se trata a los peores delincuentes. ¿Por qué? ¿Qué hizo? Ella permaneció parada al pie de la cruz, como su madre, mientras él moría, viendo desarrollarse todo lo que ella ya sabía que sucedería. No obstante, ella fue elegida para esto. Ella no pregunto, ¿por qué yo? Declaro: ¡Por qué NO yo!

De hecho, la fe es la lección más grande que aprendí durante la enfermedad de Bella. No importa lo que el Señor decida, no importa lo que debamos sufrir, confío en Él completamente. Mientras que la esperanza es buena y es necesaria para tener fe, la verdadera esperanza deja una puerta abierta para la duda, el dolor y el sufrimiento. La fe es la única respuesta.

El siguiente versículo, creo, define de la mejor manera la diferencia entre la esperanza y la fe.

"Es, pues, la fe la certeza de lo que se espera, la <u>convicción</u> de lo que no se ve"
(Hebreos 11:1 - Nueva Biblia Estadounidense).

¿Qué están esperando con ansias? ¿Han estado conteniéndose para verdaderamente confiar en el Señor en la Fe? ¿Tienen miedo de dar ese paso porque están viviendo con miedo y esperanza? <u>¡Esperan</u> que lo que <u>temen</u> no suceda! ¿Se encuentran diciéndose a ustedes mismos, como yo solía hacer: "Con esperanza, las cosas van a resultar de lo mejor para mí"? ¿Han dicho alguna vez "Estoy con los dedos cruzados"? Aprendí que la única cosa de la que se puede estar seguro al "cruzar los dedos" es de que terminarán acalambrados. Aprendí que van a obtener mejores resultados juntando las manos con plegarias de fe, más que sólo "cruzando los dedos". Me doy cuenta de que este ejemplo puede ser algo simplista. Sin embargo, creo que el dicho "estoy cruzando los dedos" es uno que ejemplifica la esperanza. Sin mencionar que no es nada más que una superstición que ha sido transmitida a través del tiempo. Es bueno tener esperanza y ser positivos, pero eso sólo es la mitad del camino. Convertir la esperanza en fe y confiar completamente en el Señor es mucho más efectivo y gratificante. Cuando tenemos fe, creemos verdaderamente que Dios quiere que vivamos en abundancia y nos da las herramientas y habilidades para triunfar en todo lo que hacemos, aunque aquellas victorias y abundancia pueden ser diferentes de lo que podemos haber imaginado. Con la fe, como María, podemos enfrentar las decisiones y situaciones más difíciles y, en vez de preguntar "¿por qué yo?", podemos decir y declarar con fe, "¡por qué NO yo!"

"Sólo lo que puedas manejar"

Como mencioné con anterioridad, antes que a Bella le diagnosticaran cáncer, sufrimos mucho debido a los retrasos en su desarrollo. Cada vez que íbamos a una fiesta de cumpleaños o interactuábamos con niños normales nos recordaba que Bella no era normal en la percepción del mundo. Asimismo, cuando tu hijo no tiene el aspecto de tener una discapacidad mental, la gente puede ser muy cruel. Era muy difícil. Siempre nos frustrábamos con ella. En general, Shannah y yo discutíamos y estuvimos a punto de divorciarnos antes del nacimiento de Rayna. Muchas veces consolaba a Shannah cuando lloraba en mis brazos, mientras decía "¿por qué, por qué simplemente no podemos tener una niña normal?, ¿por qué a nosotros?".

Muchas veces en mi vida, antes de que a Bella le diagnosticaran cáncer y de la travesía resultante, escuché la expresión "Dios sólo da lo que uno puede manejar". Con frecuencia, cuando gente que conozco, incluso yo, iba a atravesar pruebas en la vida, escuchaba esta frase. Esperaba que fuera verdad y con poco entusiasmo la creía. De hecho, cuando me enfrentaba a adversidades de menor envergadura en las que sentía que Dios me había ayudado, era una confirmación. Pensé que Dios me había dado ese desafío porque yo podía manejarlo y porque me guiaba a través de éste. No obstante, aprendí a aceptar que Dios sólo nos había dado algo para lo que estábamos preparados y éramos capaces de manejar. ¿Quién mejor que nosotros para afrontar tal problema? De hecho, ahí fue cuando pensé por primera vez la frase "¡Por qué no yo!". Shannah era una ex maestra de enseñanza especial, yo tenía un buen seguro a través de mi empleador, y mi padre y mi hermano mayor eran pediatras. Terminé aceptando que éramos más aptos para manejar este problema que la mayoría de la gente. Entonces, ¿por qué NO yo?!

Sin embargo, cuando Bella quedó paralizada, miré hacia arriba y le pregunté a Dios: "Espera un momento, ¿puedo manejar esto?". Luego una fase 4 de cáncer y enfrentar la posible muerte de mi hija. "¿Puedo manejar esto?". No es justo. Pero durante el paso del tiempo y del año de tratamiento de Bella, de nuevo nos dimos cuenta de que estábamos mejor preparados para manejar esta situación que muchos otros. Gracias a mi padre teníamos acceso a la mejor atención médica en el mundo. Yo trabajaba en una empresa que me valoraba. Estaba rodeado de gente que me quería y me apoyaba. Pero, lo más importante, es que me di cuenta de que con la fe todo es posible.

Aprendí que una vez que uno acepta que Dios es todo lo que tiene, uno se da cuenta de que Él es todo lo que se necesita. Él nos dio este desafío porque nosotros podíamos manejarlo. Encontraríamos la fe para enfrentar nuestro desafío más difícil y los recursos y las personas en nuestras vidas para ayudarnos.

Él también nos dio formidables señales y la afirmación de Su amor y de su presencia. Como si no hubiéramos visto o experimentado lo suficiente, aquí hay tres ejemplos en los que Dios afirmó que Él y la Virgen María estaban con nosotros.

Cuando Bella recibió su diagnóstico, envié un correo electrónico a todos mis clientes informándoles acerca del diagnóstico de Bella, que estaba paralizada y que yo no estaría disponible debido a que el futuro era imprevisible. Recibí una respuesta de mucha empatía y consideración de uno de mis clientes que me dijo que Rhabdomyosarcoma le sonaba conocido. De hecho, la hija de uno de sus amigos más cercanos de la infancia había fallecido unos años atrás a causa de éste mismo tipo de tumor. Me sugirió que su amigo y yo habláramos y me dio su información de contacto. Cuando recibí este mensaje, estaba aterrado. No quería hablar con este hombre.

Para empezar, no quería hablar con un hombre que había perdido a su hija por el mismo cáncer que Bella tenía. No quería ponerlo ni a él ni a mí en una situación en la que tendríamos que atravesar un dolor muy grande. Asimismo, no quería alardear de lo bien que estaba Bella, especialmente desde que supe que su hija había fallecido. Hice de todo para evitar hablar con este hombre y, finalmente, después de varios meses, hablé. No obstante, mi cliente no cedió. Me enviaba correos electrónicos periódicamente para saber cómo estaba Bella y terminaba cada correo con "¿Ya has hablado con mi amigo?". Cada vez que leía esas líneas me avergonzaba. Sabía que un día tendría que interactuar con mi cliente y le tendría que explicar el motivo por el que no me había contactado con su amigo.

Finalmente, un día, muchos meses después, hice el llamado. Ahí fue cuando me encontré con Joaquín y la increíble historia de su hija Marilú. Ella tenía 18 años cuando le diagnosticaron Rhabdomyosarcoma alveolar. Luchó valientemente por 18 meses antes de que el Señor la llamara a Su reino en el cielo. En un esfuerzo por no centrar la conversación sólo en su sufrimiento, intenté pedirle su consejo sobre la radiación que Bella tendría por primera vez a comienzos de la semana 20 de su protocolo, y que yo apreciaría cualquier consejo que él me diera por su experiencia con Marilú.

Aunque nunca había hablado con este hombre antes, tan pronto como la conversación comenzó sobre nuestras hijas, nos conectamos inmediatamente. De hecho, ambos nos emocionamos bastante. Me contó sobre la lucha de Marilú, acerca de su increíble coraje y fe. Me dijo que su sueño era visitar Hawai y que, desafortunadamente, ella falleció antes de que pudieran hacer su viaje programado. Me contó cómo había prometido no visitar Hawai nunca hasta que se reuniera con ella en el cielo y ambos pudieran mirar juntos Hawai desde arriba. Me contó cómo ella, a pesar de haber tenido un tumor en su cerebro y atravesar quimio y radiación, era una estudiante con honores durante los dos semestres en los que estuvo con vida en la universidad. Ciertamente, Marilú es un ángel que sirvió de ejemplo e inspiración formidables para su familia y muchas otras personas.

Le hice varias preguntas referentes a la radiación. Comenzó a explicarme cómo el tumor principal de Marilú estaba en el cerebro y que esquivaba sus esfuerzos. A veces, se encogía, luego crecía o cambiaba de lugar; era un objeto que se movía y se extendía. Me explicó cómo la obligaron a usar un casco y cómo se apuntaba la radiación a determinadas partes de su cerebro. Mencionó lo terrible que fue para Marilú y cómo ella alentaba a su padre, sin importar el dolor que estaba soportando, ¡para que no se diera por vencido! Luego, me dijo algo muy interesante. Dijo: "Sabes, aunque el tumor nunca se fue por completo mientras estaba con la quimio, ojalá no le hubieran dado radiación nunca y sólo la hubieran mantenido con quimio". Esto me pareció interesante porque todos los niños que conocí, además de Bella, que tenían quimio padecían de terribles náuseas y vómitos. Le pregunté: "¿Cómo toleraba Marilú los efectos colaterales de la quimio?". Tomo una gran bocanada de aire y dijo: "Bueno, al principio fue terrible y ella vomitaba todos los días, pero luego…", (tomó otra gran bocanada de aire e hizo una larga pausa) "mira, desconozco tus creencias religiosas, pero tú me hiciste esta pregunta, así que la voy a responder sinceramente". Dijo: "Al principio, Marilú vomitaba todos los días. Era horrible, pero el día 12 de diciembre, nos volvimos muy devotos de Nuestra Señora de Guadalupe. ¿Conoces a la Virgen María?". Escuché en silencio y prácticamente me caí de la silla. Simplemente respondí: "sí". Dijo: "Nos consagramos a Nuestra Señora de Guadalupe un 12 de diciembre, y Marilú nunca más volvió a vomitar o tener náuseas".

No podía creer lo que este hombre me estaba diciendo. Nunca había hablado o visto a este hombre en mi vida y aquí estaba él, diciéndome algo sorprendente, sincero y sin saber nada sobre el milagro de Bella y la intercesión de Nuestra Señora de Guadalupe. Lo dejé terminar. Me contó cómo él, después de la muerte de Marilú, había ido a la Basílica de Guadalupe y cómo no tenía dudas de que tanto Marilú como Nuestra Señora de Guadalupe lo estaban mirando y protegiendo a él en la tierra. Continuó dándome ejemplos increíbles de cómo Nuestra Señora de Guadalupe había intercedido por él para encontrar paz en su vida. Una vez que concluyó, le dije "Vaya si tengo una historia para ti". Le conté acerca de la historia de Bella y "Mami Iglesia" y Nuestra Señora de Guadalupe, y que Bella nació un 12 de diciembre.

Otro ejemplo de cuando Dios nos dio otra señal y, al mismo tiempo, me daba un ejemplo de cuán misericordioso Él había sido con nosotros fue el siguiente. Sin dudas, este fue un día en el que entendí que el Señor nos había dado lo que podíamos manejar y no más.

Hay una familia conocida en nuestra iglesia que tiene un niño con un severo Síndrome de Down. Su hijo tiene 13 años, raramente habla y debe usar pañales. Se pueden imaginar el sorprendente programa diario lleno de terapias y turnos con médicos que un niño como éste demanda. Además, a su hijo más pequeño le habían diagnosticado leucemia. Después de dos años de quimioterapia para luchar contra la leucemia, su hijo recayó. El día que los conocí estaban terminando el cuarto año del tratamiento. Si alguien tenía una queja legítima contra Dios, era esta familia.

Sin embargo, lo que era increíble, hablando tanto con la madre como con el padre, era que su vaso estaba tan lleno de fe y paz que simplemente no cabía la depresión, el enojo, la tristeza o el resentimiento. Esta gente era feliz en el medio de una vida muy desafiante. El tipo de felicidad que muchos buscan, esta gente la tenía. En medio del cáncer, del Síndrome de Down y la economía desafiante, esta gente tenía y continuaba experimentando una alegría victoriosa. Mientras estaba con el padre en el pasillo, hablando sobre el hospital y otros temas relacionados con el cáncer, había un hombre parado a quien no conocía ni había visto antes, vestido de traje y corbata con su hijo de diez años a su lado. Mientras conversábamos, el hombre de traje, de repente, irrumpió la conversación y sacó una pulsera de piedras para dama de su bolsillo. Se la puso en la mano, la sostuvo en alto y dijo: "muchachos, miren, tengo esta bonita pulsera de piedras para dama, no sé si ustedes pueden estar interesados en comprar algo así". No podía creer lo que estaba escuchando. No sabía quién era este hombre o qué estaba haciendo aquí. Enseguida me lo imaginé como una visita de otro paciente. Debido a que los padres de pacientes con cáncer estaban en el hospital con sus hijos todo el tiempo y yo nunca lo había visto, supuse que tenía que ser una visita, ya que ningún padre se atrevería a hacer algo tan inapropiado como vender joyas en el centro de cáncer del hospital. No obstante, en un esfuerzo por ser cortés, simplemente le dije: "es bonita, pero no, gracias". Este hombre bajó la cabeza con desesperación, tomó una gran bocanada de aire y dijo: "Disculpen, muchachos; es sólo que mi situación económica está tan mal que he recurrido a vender joyas". Nuevamente, puso la mano en el bolsillo de su traje y dijo: "No sé si estarían interesados en esto, tengo algunas medallas de Nuestra Señora de Guadalupe". No podía creerlo. Aquí estaba, recuperándome del shock de que este pobre hombre, en frente de su hijo, tenía que reconocer vergonzosamente lo mal que su situación económica estaba, y ahora él preguntaba si estábamos interesados en alguna medalla con la imagen de Guadalupe. Le dije: "Por favor, me gustaría comprarlas todas". Después de que me dijera el precio, fui al cajero automático en el vestíbulo del hospital y saqué un poco de dinero extra. Cuando se lo di, no quiso aceptar el dinero adicional. Finalmente, accedió sólo si podía darme un par de aros para mi esposa.

El hombre se fue con su hijo, y yo me quedé parado en el pasillo con mi amigo de la iglesia. Él me miró y me dijo: "¿Conoces la historia de ese hombre?". Le dije: "No, nunca lo había visto antes". Me dijo: "Ese hombre tiene seis hijos; uno de ellos está aquí con leucemia. Su esposa murió hace pocos meses debido a un repentino aneurisma cerebral. El motivo de sus problemas financieros es que todo su seguro era a través de la empresa de su esposa. Ahora, no tienen seguro. La razón por la cual no lo has visto es porque tiene otros cinco hijos a los que tiene que criar y cuidar. Prácticamente, las enfermeras crían a su hijo aquí. Es una situación terrible". No podía creer lo que estaba escuchando. Aquí yo estaba enfrentando una mala situación, pero este pobre hombre estaba batallando una guerra por su hijo contra el cáncer, llorando la pérdida de su esposa y enfrentando una crisis financiera. Éste fue uno de los días en los que miré hacia arriba y dije: "Gracias, Dios, por mi problema. Sé que no podría manejar aquello".

Dios también nos puso a otra familia muy especial en nuestro camino: la familia Brennan de Horseheads, Nueva York. Mientras estábamos creando el ejército de personas para rezar, muchos correos electrónicos circularon en Internet pidiendo por plegarias para Bella.

Asimismo, miles de personas visitaban el sitio web de Bella. La familia Brennan, que tiene un familiar que trabaja para la misma empresa que yo, comenzó a rezar por Bella y a expandir el ejército de personas de plegarias en el área del norte y oeste de Nueva York. John Brennan y su hermosa familia enviaban mensajes alentadores y de fe casi todos los días al sitio de Bella. También, se conectaban a cada teleconferencia de plegarias que hacíamos. Un día, finalmente le hablé a John. Le dije lo mucho que apreciaba todas sus plegarias y apoyo. Le dije que él merecía saber la historia detrás de la historia. Él y su esposa estaban en el auto camino a visitar a su hijo Andy, que estaba en la universidad. Después de contarle la historia de "La Madre de la Iglesia", ambos derramaron lágrimas de alegría. John, a quien nunca había conocido en persona, me explicó que él siempre había tenido una devoción especial por Nuestra Señora de Guadalupe y creía lo que había contado, por su fe. Luego de nuestra muy linda conversación, permanecimos en contacto, principalmente, a través del correo electrónico.

Al cabo de un mes, recibí un correo electrónico de John acerca de que su hija de diecinueve años, Megan, tendría próximamente vacaciones por primavera de la facultad. Él me explicó que, mientras su familia estaba sentada en la mesa de la cocina una mañana, le preguntaron a Megan qué quería hacer durante este tiempo. Ella respondió: "Quiero ir a Miami a conocer a Bella y su familia". "Papá, ¿crees que podría serles de ayuda?". Megan es una jovencita muy amable, paciente y talentosa con mucha experiencia en cuidar niños. Le respondí a John haciéndole saber que sería un placer recibir la visita de Megan y que estaba seguro de que a las niñas les encantaría. Verdaderamente, no sabía qué esperar. La idea de tener que ser anfitrión no era la mejor, ya que el programa diario de Bella era muy agitado. Sin embargo, los Brennan alentaron a su hija adolescente a viajar a Miami sola y a visitarnos. Megan ha sido una increíble bendición. Ella ama a Bella y a Rayna, como todos nosotros la amamos a ella. Desde entonces, ella ha venido a Florida varias veces con sus padres y sin ellos para visitarnos y se ha convertido en parte de nuestra familia extendida. Todos los días le agradecemos a Dios por haber puesto a los Brennan en nuestra vida y les tenemos mucho cariño. Este es otro ejemplo de cómo gente que no conocemos, solamente por el poder de Cristo, vino a nuestra ayuda en el momento de mayor necesidad.

Antes de ir a Jacksonville, por seis semanas y media para la primera ronda de radiación de protones a la columna de Bella, Shannah quería encontrar una iglesia a la que podía ir mientras estábamos en Jacksonville. Simplemente, buscaba "Iglesia católica, Jacksonville, Florida" en Internet. Encontró la iglesia católica St. Joseph. En el sitio web de la iglesia, encontró una lista de ministros que tenían reuniones mensuales referentes a una variedad de temas diferentes. Reparó en el "ministerio de Santa Ana " que era un grupo de mujeres que tenían niños menores de cinco años y que se reunían para compartir plegarias y compañerismo. Debajo de cada ministerio estaba el nombre y la información de contacto del encargado del ministerio. Cuando Shannah escribió la información para llamar al encargado del ministerio de Santa Ana, confundió el número y accidentalmente escribió el nombre y la información de contacto de otro ministerio. Así fue cuando conocimos, por primera vez, a Michelle Horning. Shannah llamó a Michelle y le explicó que estaba buscando unirse a un grupo de mujeres y que íbamos a ir a Jacksonville por seis semanas y media por el tratamiento de cáncer de nuestra hija. Michelle fue muy amable, dijo que rezaría por Bella y que le encantaría que Shannah se uniera a su grupo. Cuando llegamos a Jacksonville, Shannah la llamó e hizo arreglos para que yo la dejara en su casa y Michelle la llevaría a la iglesia para la reunión. Tuvimos el placer de conocer a Jim, el esposo de Michelle, Isabella, su hija, y Michael, su hijo. En el auto camino a la iglesia, Michelle le preguntó a Shannah cómo la había encontrado. Shannah le explicó que había leído su nombre en el sitio web de la iglesia como la encargada del ministerio de Santa Ana. Michelle le dijo: "Ah, yo no soy la encargada de ese ministerio. Soy la encargada de uno diferente. Sucede que como Michael es menor de cinco años, también asisto a las reuniones de Santa Ana". Cuando llegaron a la iglesia, Michelle le mostró a Shannah un hermoso mosaico de Nuestra Señora de Guadalupe y le explicó que su iglesia era muy devota de ella. Shannah no lo podía creer. Le contó a Michelle la historia increíble de Bella y "La Madre de la Iglesia". Michelle además le explicó que su parroquia tenía tanta devoción por Guadalupe que había una imagen peregrina de la *tilma* que los feligreses rotaban entre las familias a lo largo del año. Una familia se llevaba la imagen a su casa durante una semana y rezaba el rosario todas las noches por una semana. Más tarde, Michelle le explicó que asombrosamente a ella y a su familia le habían programado tener la imagen el 12 de diciembre, el cumpleaños de Bella y la festividad de Nuestra Señora de Guadalupe.

Nos hicimos muy amigos de los Horning, y ellos nos prestaron la imagen para que la tuviéramos en nuestra habitación del hotel mientras estábamos en Jacksonville el 12 de diciembre. Aquí había una mujer y una familia que nunca habíamos conocido que nos contaba sobre su devoción religiosa hacia Nuestra Señora de Guadalupe. Tal vez, coincidencia; no lo creemos así. Los Horning prepararon una fiesta de cumpleaños para Bella mientras estábamos en Jacksonville. Habían invitado a muchos amigos fieles, ya que todos rezábamos juntos el rosario y celebramos el cumpleaños número cinco de Bella y la festividad de Nuestra Señora de Guadalupe. ¡Otro día en el que cantamos victoria en el nombre de Cristo!

Una de las lecciones que creo que ejemplifica la frase "Dios sólo da lo que uno puede manejar", para mí, es nunca tener que responder determinadas preguntas. Shannah y yo sufrimos mucho con la discapacidad mental de Bella y su grave retraso en el habla. Como mencioné antes, el componente social de tratar con esto era muy duro y frustrante. A pesar de que continúa siendo un problema menor, fue una clara bendición de cómo Dios me protegió de algo que sabía que no podría manejar.

Aunque los graves retrasos en el habla y en la compresión de Bella eran un gran problema anteriormente en su vida, ellos se convirtieron en una enorme bendición con posterioridad. Bella nunca me ha hecho la pregunta: "Papá, ¿me voy a morir?". Nunca me preguntó: "Papá, ¿por qué me llevas a estos lugares para que los médicos hagan esos horribles procedimientos en mí?" Y así, a medida que conocía otros padres, conocí personalmente a padres a quienes se les había hecho esa pregunta y habían tenido que responderla. Le agradezco a Dios el nunca haber tenido que responder esas preguntas. Todo el tiempo que Bella estuvo bajo tratamiento, ella lo hizo con una sonrisa. Sí, lloraba y estaba asustada, pero nunca dejó de ser alegre y un ejemplo maravilloso de fuerza para todos los que tenían contacto con ella. Aun cuando estaba paralizada, simplemente sonreía en su silla de ruedas y decía a otros chicos y adultos: "Me resbalé". Siento como si Dios me hubiera protegido a través de la discapacidad mental de Bella de tal daño emocional que hubiera tenido que enfrentar de haber sido de otro modo. De hecho, Dios sólo me dio lo que yo podía manejar.

Cuando a Bella se le negó la terapia de radiación de protones en un centro, el Señor nos guió al doctor Sameer Keole y al Proton Institute de la Universidad de Florida. Como mencioné antes, la gente allí cuidó a Bella de una manera excelente. Nuestra relación con el doctor Keole comenzó como la típica relación médico-paciente. No obstante, se convirtió rápidamente en una amistad. Él apostó fuerte por Bella y está feliz por cómo, a pesar de todo, Bella está tan bien. Esto culminó con él viniendo a nuestra casa en una visita social simplemente para pasar el rato. Trajo a su hijo Shaan para jugar con Bella y Rayna en la piscina y preparamos una barbacoa en nuestro patio trasero. Durante su visita, él me explicó muchas cosas sobre las que no estaba al tanto.

Cuando aceptó a Bella como paciente en el centro de protones, no había verificado con el equipo o sus supervisores primero. Cuando presentó el caso de Bella a la comisión de tumores, ellos estaban preocupados respecto de aceptarla. Ella era un paciente de alto riesgo y la posibilidad de que sobreviviera era desalentadora. Entendió sus preocupaciones, pero dijo que había algo en el caso de Bella que lo mantenía despierto por las noches. Además, dijo que había un problema que había ocurrido con el equipo de anestesiólogos que seda a los niños en el centro de protones, que había puesto un límite en la cantidad de niños que aceptaban como pacientes. De hecho, él dijo que el problema era tal que habían considerado no tratar pacientes pediátricos en ese momento. El doctor Keole decidió por su cuenta acercarse al equipo de anestesiólogos y explicarles que había una paciente especial que tuvo que hacer entrar. Negoció un plan con el centro de protones y con los anestesiólogos para incluir a Bella. Convenció al equipo de protones que, mientras tradicionalmente no se usaban protones en casos graves como el de Bella, él creía que ella era precisamente la clase de paciente que necesitaba este tratamiento nuevo e innovador. Con su persistencia y su fe de que Bella se recuperaría, hizo que la aceptaran. Él dice que no sabe por qué luchó tanto por Bella en particular, y no por cualquier otro paciente anterior, pero sentía que había algo diferente respecto de ella. Asimismo él dijo que el resultado increíblemente positivo de Bella lo ayudó a él y a otros a cambiar el paradigma del uso de protones únicamente en pacientes con probabilidades altas de supervivencia. De hecho, muchos otros chicos con cáncer, a quienes no se les había ofrecido este importante tratamiento, ahora lo tendrán. El doctor Keole continúa con su pasión de tratar niños, especialmente aquellos a los que se considera más difícil de tratar. Es un hombre de gran compasión, y le agradecemos a Dios todos los días por haberlo puesto en nuestras vidas.

Hoy, no sólo oigo "Dios sólo da lo que uno puede manejar" y lo creo, sino les digo a otros que creo que es verdad. He tenido el disgusto de conocer muchos padres que han perdido a sus hijos debido a un cáncer pediátrico, y aunque su pena y su dolor son inexplicables, estas personas tienden a ser personas de gran paz, incluso cuando aquellos que los rodean son los que se desmoronan. Estoy convencido de que para todo lo que uno puede enfrentar en la vida, hay un propósito divino. Raramente nos damos cuenta de cuál es el propósito; no obstante, todo tiene un propósito y creo que nada es mera coincidencia. Creo en la "incidencia de Dios".

Cuando tengamos que enfrentar un problema, sin importar qué tan grande o pequeño sea, cuando verdaderamente comprobamos quienes somos, las cosas con las que somos bendecidos, los que nos rodean, podemos creer que, a través de la fe, no hay nada que no se pueda superar. De hecho, en un principio miré hacia arriba y dije: "Dios, ¡no puedo manejar esto!" y, luego, descubrí que estábamos mejor preparados que la mayoría para enfrentar nuestro mayor desafío. Pueden encontrar lo mismo en cualquier situación que estén enfrentando en la vida. No hay nada imposible para Dios y si podemos entregarnos a Su propósito a través de la fe, prevaleceremos. En efecto, Dios nos dio libre albedrío. Es en los momentos más difíciles de la vida cuando tenemos una gran decisión que tomar. ¿Dejaré que esto me abrume? ¿Dejaré que me rodee la depresión y la negatividad? ¿Pasaré mi tiempo hablando a otros y siendo parte del grupo de "la desgracia ama la compañía"? Puedo asegurarles que primero estarán de acuerdo conmigo y después, no encontrarán a nadie que se haya jamás verdaderamente beneficiado de haber tomado aquella decisión. Es fácil caer en esa trampa. Muchos de los problemas que enfrentamos en la vida son excepcionalmente difíciles, y desafortunadamente muchas personas se deleitan viendo a otros deprimirse y con los ánimos por el piso. Sin embargo, toma la misma cantidad de energía deprimirse y estar derrotado por algo que estar determinado y concentrado en superar el problema. Muchas veces, también decidiremos poner nuestro propio fin a la forma en la que terminará la situación. Es importante no poner un punto donde Dios sólo puso una coma. Necesitamos poner nuestra confianza completa en Dios y hacer nuestra parte también. Es nuestra elección. ¿Qué decisión tomarán la próxima vez que ustedes o alguien que conozcan tenga que enfrentar una situación difícil?

La próxima vez que tengan que enfrentar una situación difícil, más que preguntarle a Dios "¿por qué a mí?", diga "¡por qué no a mí!". Sepa que Dios lo escucha en vez de tener la esperanza de que lo haga y ¡camine hacia la victoria a través de la fe!

Por eso les digo, "todas las cosas por las que rezan y piden, crean que ya las han recibido y les serán concedidas" (Marcos 11:24, Nueva Biblia Estadounidense).

"El regalo de Dios para ti es quien eres. Tu regalo para Él es en quien te conviertes".

Apéndice
Manuscrito real del milagro de Bella

La siguiente es una cronología de los hechos relacionados con los sucesos inexplicables, curaciones y visitas de la Santísima Madre a Bella Rodríguez Torres. Bella es una niña de 4 años y medio, que nació el 12 de diciembre de 2002. Bella nació con **leucomalacia periventricular** (daños en la sustancia blanca del cerebro), que le provocó un retraso en su desarrollo. También se le ha diagnosticado un grave retraso en el habla. Es la hija de Raymond (32 años, católico romano) y Shannah (31 años, judía convertida al catolicismo el 23/3/08). Ellos y su hija más pequeña Rayna (2 años) viven juntos en Miami, Florida.

El 20 de julio de 2007, a Bella le diagnosticaron fase 4 de Rhabdomyosarcoma alveolar con translocación PAX 3, la que según los expertos y los médicos de Bella la puso en el peor escenario de pronóstico de supervivencia. El tumor primario se encontraba alrededor de la médula espinal, lo que le provocaba la parálisis. El neurocirujano informó a los padres que él no creía que Bella caminara otra vez. "Todo lo que ella no haga ahora, probablemente no podrá hacerlo después de la cirugía". También se descubrió que tenía otras 7 metástasis en el cuerpo: en la mandíbula, el hombro, la cadera, las costillas, la rodilla, la mano y el pie.

Inmediatamente después del diagnóstico, el padre de Raymond (el Dr. Ramón Rodríguez Torres) llamó a la Hermana Catalina Vigo de las Hermanas del Corazón Inmaculado de María en Miami, Florida, pidiéndoles que, por favor, rezaran por un milagro para Bella. Las monjas de esta orden enseguida comenzaron a rezar por un milagro a través de la intercesión de las Hermanas del Inmaculado Corazón de María, especialmente, las mártires María del Carmen, Rosa y Magdalena Fradera Ferragutcasas, españolas, religiosas de la Congregación de las Hijas del Corazón Bendito e Inmaculado de María, asesinadas durante la persecución religiosa en España en 1936, a quienes el Papa Benedicto XVI beatificó el 28/10/2007. Las plegarias por la intercesión de las beatas no han cesado.

Fecha	Hecho
Domingo – 12 de agosto de 2007	A Bella le dieron el alta del Hospital de Niños de Miami alrededor de las 7 p.m. Al momento de darle el alta, les informaron que se le había programado quimioterapia ambulatoria el martes 14; sin embargo, su nivel de hemoglobina era 7 y su recuento de glóbulos blancos era 1700. Los médicos que le dieron el alta les dijeron que era más que probable que necesitara una transfusión, ya que era casi imposible que sus niveles aumentaran lo suficiente como para permitirle tener quimioterapia el martes.

Las Hermanas del Inmaculado Corazón de María continuamente pedían por la intercesión de las hermanas Fradera para que un milagro curara a Bella. |

Alrededor de las 11:30 p.m., en casa, en la oscuridad, Bella se despertó de su sueño y en un tono y con un vocabulario que no era propio en ella le dijo a Shannah: "Mamá, la Iglesia me lleva a cuestas". "La Iglesia me cuida". Al escuchar esto, Shannah le preguntó a Bella quién le había dicho eso y Bella respondió: "Ella". A este punto, Shannah encendió la lámpara de al lado de la cama y le preguntó a Bella de nuevo, "¿Quién te dijo eso?". Bella señaló, sin dudarlo, a la imagen de la Virgen María sobre la cómoda del dormitorio. Shannah tomó la imagen, se la acercó y luego le preguntó: "¿Ella te dijo eso?". Bella respondió: "Sí".

Minutos más tarde, Bella, que estaba completamente paralizada, movió la pierna y el pie, la golpeó a Shannah y anunció: "¡Lo hice!". Luego, se volvió hacia Shannah y le habló con un vocabulario que no era propio de ella: "Las heridas todavía no se fueron del todo, pero se irán muy pronto".

Bella se dormio, y Shannah comenzó a rezar el rosario en silencio. Bella se despertó, le arrebató el rosario de la mano y dijo: "Mami, eso es de ella".

Lunes – 13 de agosto de 2007

A la mañana, Bella dijo: "Mami Iglesia me ayudará a caminar de nuevo pronto".

Durante la mañana, los padres le preguntaron a Bella sobre la Mami Iglesia. Decidieron mostrarle diferentes imágenes de la Virgen María. Ella dijo que estaba vestida de rojo y que tenía un bebé. Eventualmente, los padres le mostraron una imagen de Nuestra Señora de Guadalupe, y ella la identificó como "Mami Iglesia" y al bebé como el ángel debajo de los pies de Nuestra Señora.

Alrededor de las 11 p.m., mientras dormía, Bella gritó: "¡No! ¡Quiero dormir con María!".

Martes – 14 de agosto de 2007

En la cita de Bella con el médico, todos se sorprendieron al enterarse de que, en menos de 48 horas, el nivel de hemoglobina de Bella había aumentado a 10 y su nivel de recuento de glóbulos blancos se había elevado a 12.900. Esto significaba que no necesitaría una transfusión y podía continuar con su quimioterapia.

Por la tarde, mientras estaba en el Hospital de Niños de Miami, Bella le dijo a su primo mayor de 19 años, Christian: "Mami Iglesia me ayudará a caminar de nuevo". También le dijo: "Vi al ángel caminar a través de la pared". Christian le preguntó dónde había ocurrido esto y Bella respondió: "En el hospital". Christian le preguntó si el ángel tenía alas; Bella respondió: "No".

Durante la noche, Bella gritó: "Gracias, Jesús, ¡ayúdame a caminar de nuevo!".

Miércoles –15 de agosto de 2007

En el estacionamiento del Hospital de Niños de Miami, alrededor de las 10:30 a.m., Bella le dijo a su padre Raymond, con palabras que no eran propias de ella: "Mami Iglesia me va a ayudar a caminar de nuevo muy pronto".

Shannah y Raymond asistieron a misa en la iglesia católica St. John Neumann en la festividad de la Asunción de María a las 7 PM. Durante la homilía de Monseñor Pablo A. Navarro (pastor de la iglesia St. John Neumann), Shannah dijo que tuvo una visión de la Santísima Madre llevando a Bella y presentándola a Cristo. Shannah afirma que Jesús la miró y le dijo: "La salvaré, pero tú debes servirme".

Tan pronto como la misa terminó, Shannah le dijo a Raymond que quería convertirse al catolicismo y le contó lo que había experimentado.

Después de la misa, Raymond y Shannah se acercaron a Monseñor Navarro y le explicaron brevemente lo que había estado ocurriendo en su hogar con Bella. Monseñor Navarro visitó su casa alrededor de las 9 PM y rezó con ellos por Bella.

Jueves – 16 de agosto de 2007   Por la noche, Bella gritó: "Te amo, Jesús, ¡gracias!".

Viernes – 17 de agosto de 2007   Mientras jugaba con su primo Christian, repentinamente, Bella fue capaz de incorporarse por primera vez.

Alrededor de las 12:30 p.m, Bella le dijo a Christian: "Mami Iglesia me cuida; ella es mi mamá y me ayuda".

Antes de ir a la cama, Bella le dijo a sus padres: "Cuando ellos tomen las fotos, las nanas se habrán ido por completo".

Sábado –18 de agosto de 2007   Los padres y abuelos de Bella organizaron una teleconferencia de plegarias con el Fray Gregory Parkes de la iglesia católica Corpus Christi en Orlando, Florida. Había alrededor de 100 participantes rezando al mismo tiempo.

En la capilla de las Hermanas del Inmaculado Corazón de María, las Hermanas de la orden rezaban el rosario y el Oficio de la Liturgia de las Horas ante el sagrado sacramento y hacían peticiones especiales a las mártires hermanas Fradera por un milagro que curara a Bella.

Martes – 21 de agosto de 2007   *Bella tuvo una resonancia magnética que dio a conocer que el tumor primario alrededor de la médula espinal se había reducido un 94%, habiendo tenido sólo 5 semanas de quimioterapia del protocolo de 54 semanas. Antes del examen, sus médicos habían dicho que si la resonancia mostraba que el tumor no había crecido, debería haberse considerado un paso en la dirección correcta. La enorme reducción es completamente atípica de la fase 4 del Rhabdomyosarcoma. Antes de la resonancia, el equipot oncólogico había sugerido no hacerle el examen, ya que él no esperaba ver ningún cambio tan temprano desde el nivel inicial.*

Jueves – 23 de agosto de 2007

Bella tuvo una tomografía por emisión de positrones para ver el efecto de la quimioterapia en el resto de la metástasis, específicamente, en la mandíbula, el hombro, las costillas, la rodilla, la mano y el pie. Como Bella estaba sedada y estaba haciéndose la tomografía, su oncólogo nos dijo que, si bien estaba totalmente complacido con los resultados de la resonancia del martes, no deberíamos esperar cambios en la metástasis porque las que se encuentran en los huesos como éstas responden aún más lentamente a la quimioterapia.

Mientras a Bella le estaban haciendo la tomografía, Raymond y Shannah rezaban el rosario en el vestíbulo del Hospital de Niños de Miami. Durante la plegaria, Raymond sintió una voz que le decía: "Mirarán y no lo encontrarán". Raymond prometió que si era así, visitaría la Basílica de Guadalupe en la ciudad de México la semana siguiente para agradecer.

La conclusión de la tomografía fue que no podía detectarse una metástasis visible. El único tumor visible era el tumor alrededor de la médula espinal, que se había reducido significativamente.

Sábado -26 de agosto de 2007	*Por la noche, mientras yacía en la cama con Raymond, debajo de las sábanas, Bella volvió a hablar en un tono y con un vocabulario que no era propio de ella y le dijo: "Muy pronto, papi". Cuando Raymond le preguntó: "Muy pronto ¿qué?". Ella le dijo: "Mami Iglesia, ayúdame a caminar muy pronto".*
	Veinticinco minutos después, mientras dormía, Bella se despertó repentinamente y gritó: "¡Te amo, Jesús!".
Miércoles - 29 de agosto de 2007	*A medida que Raymond se acercaba a la Basílica de Guadalupe en la ciudad de México y vislumbró por primera vez los edificios, Shannah lo llamó para informarle que en ese mismo instante, Bella, que no tenía movilidad en las piernas, comenzó a gatear por toda la casa aproximadamente a las 10:35 a.m.*

Domingo – 9 de septiembre de 2007

A consecuencia de su discapacidad metal, Bella padece de un trastorno del autocontrol. Durante una de las manifestaciones de este trastorno, lo que incluye tirarse del cabello en la habitación principal en presencia de Raymond y Shannah, Bella paró de llorar repentinamente y dejó de tener el ataque. Olió el aire y dijo: "Huelo rosas". Raymond y Shannah se sorprendieron instantáneamente, ya que Bella nunca había sido capaz de identificar los diferentes tipos de flores y nunca había dicho la palabra rosa. Ella hizo esto alrededor de las 9:30 a.m. y, luego, alrededor de las 7:30 a.m., en la misma dirección en la cama de la habitación principal.

Martes – 11 de septiembre de 2007

Mientras estaba hospitalizada para recibir quimioterapia, una enfermera en el Hospital de Niños de Miami entró al dormitorio de Bella con una rosa en su bolsillo. Shannah le preguntó si podía pedírsela prestada y mostrársela a Bella. Ella le preguntó: "Bella, ¿qué es esto?". A lo que Bella eventualmente respondió: "una flor". De nuevo, Shannah le preguntó: "¿qué tipo de flor?". Bella no respondió.

Esa noche, alrededor de las 9 PM, Shannah sostuvo un rosario y se lo pasó a Bella. Ella lo olió y dijo en un tono no de ella, "huele a rosas, huele como la Mami Iglesia".

| Sábado – 3 de noviembre de 2007 | Las Hermanas del Corazón Inmaculado de María continuaron con sus plegarias y súplicas ahora a las hermanas beatas Fradera para que Bella se curara completa y totalmente.

Mientras Shannah y Raymond asistían a misa en la iglesia local en Jacksonville, Florida, Bella permaneció en la posada Jacksonville Bay Meadows Residence, ya que tenía que comenzar el tratamiento de radiación en la médula espinal que duraba seis semanas. Cuando Raymond y Shannah regresaron, Bella, por primera vez, era capaz de caminar sin ayuda y estaba bailando alrededor de la habitación del hotel. Según Kim Rodríguez-Torres y Nelda Castillo, quienes estaban presentes, Bella estaba sentada en un sofá, señaló a una imagen de Jesús en el dormitorio y expresó: "gracias, Jesús; ¡mírame!". Luego, ella comenzó a caminar y a bailar sola. |

Miércoles – 19 de diciembre de 2007	*Después de recuperarse del régimen diario de anestesia y de la radiación de protones en el Proton Institute de la Universidad de Florida en Jacksonville, Florida, Bella le dijo a Shannah: "Veo a la abuela en la luz". "La abuela tiene una valvula como el mío" (refiriéndose a su catéter subcutáneo).*
	La abuela paterna de Shannah, Beverly, murió de cáncer en 1997. Bella nunca conoció a Beverly, no había habido ninguna charla sobre ella recientemente y nunca habían tenido una conversación sobre el hecho de que ella tenía una valvula como el que Bella describió.
Lunes – 28 de enero de 2008	*Bella, de nuevo en un tono y con un vocabulario que no era propio de ella, le dijo a Shannah, mientras estaba hospitalizada para recibir quimioterapia en el Hospital de Niños de Miami, que: "Jesús hizo que todas las nanas se fueran". Le dijo a Shannah que Jesús la había besado en la frente y que ' Mami Iglesia' estaba con él". Más tarde, dijo que vio ángeles. Shannah le preguntó a Bella sobre una niña (Mariett) que había muerto en el hospital, lo cual Bella desconocía. Le preguntó si Mariett estaba con Jesús, a lo que Bella respondió: "Sí".*

A la fecha de este documento, Bella se encuentra en completa remisión del cáncer y puede correr, saltar y tener total dominio de sus miembros. Shannah completó el programa RCIA (Rito de Iniciación Cristiana para Adultos, por sus siglas en inglés) y su conversión al Catolicismo en la misa de Vigilia Pascual, el 23/3/08. Las plegarias a las Hermanas Misioneras del Inmaculado Corazón de María, beatas María del Carmen, Rosa y Magdalena Fradera Ferragutcasas, asesinadas durante la persecución religiosa en España, en 1936, continúan por su intercesión en nombre de Bella.

Certificamos la veracidad de los hechos y fechas anteriormente mencionadas el día 24 de octubre de 2008.

Raymond Rodríguez-Torres,
Magíster en Administración

Shannah Rodríguez-Torres